KB211370

천재들의 유엔

TED

Idea

Technology

Entertainment

천재들의 유엔

TED

김수현

Change

Innovation

Design

Future

민음사

머리말
TED, 어디까지 아세요?

좋은 걸 발견하면 남들한테도 알리고 싶어서 안달이 난다. 혼자만 아는 게 아까워 죽겠다. 그래서 기자 일을 하는지도 모르겠다. 처음 TED를 만났을 때도 그랬다. 2008년부터 SBS에서 주최하는 서울디지털포럼 기획 부서에서 일하면서 TED에 대해 알게 되었다. 그리고 2010년 한국 언론 사상 최초로 미국 롱비치에서 열리는 TED콘퍼런스를 공식 취재하게 되었다.

TED콘퍼런스에서 보낸 며칠은 흥분의 연속이었다. 새로운 세계가 눈앞에 열린 것 같았다. '18분의 마법'으로 불리는 TED토크를 직접 보는 것도 신기한 일이었지만, TED콘퍼런스는 그 이상이었다.

「아바타」의 제임스 캐머런James Cameron 감독이나 배우 캐머런 디애즈 Cameron Diaz를 로비에서 마주친 것은 별일도 아니었다.

나는 TED에 가서 앨 고어Al Gore의 조찬 모임에 초대받았다. TED 연사들과 한 테이블에 앉았다. 앨 고어는 "TED에 참가한 여러분이 세상을 움직일 수 있다."고 했다. 구글의 창립자 세르게이 브린Sergey Brin, 스타 요리사 제이미 올리버Jamie Oliver와 이야기를 나눌 기회도 있었다. 일면식도 없던 사람들이 내가 TED 참가자라는 이유로 만나기를 청해 왔다.

TED콘퍼런스는 TED토크를 보고 상상했던 것 이상이었다. TED는 단순히 지식을 전달하는 콘퍼런스가 아니었다. TED는 거대한 부흥회 같았다. 연사들이 "세상을 더 좋은 곳으로 바꾸자!" 하고 외치면, 청중도 뜨겁게 화답했다. 너도나도 "세상을 바꾸는 걸 돕겠다." 하고 나섰다. TED콘퍼런스에 모인 그 많은 사람들이 한마음으로 공명하는 순간, 나는 희열과 감동을 느꼈다. 나도 세상을 바꾸는 데 힘이 될 수 있다는 믿음이 생기기 시작했다. 세상에 뭐 이런 콘퍼런스가 다 있지? 어쩌면 이런 게 미국을 강대국으로 만든 엘리트 집단의 힘 같은 것 아닐까?

TED의 수장인 큐레이터 크리스 앤더슨Chris Anderson을 인터뷰하고, TED콘퍼런스 취재 기사를 썼다. 기사를 쓴 뒤에도 개인적인 관심 때문에 TED에 대해 더 많이 알고 싶어 이것저것 자료를 뒤적거리게 되었다. TED토크는 어떻게 탄생하는지, '엘리트들의 디너파티'였던 TED콘퍼런스가 어떻게 해서 '세상을 바꾸는 콘퍼런스'가 됐는지, 지금 이 순간에도 TED는 어떤 모습으로 변화하고 있는지, 알면 알수록 더 재미가 났다. 그리고 안달이 나기 시작했다. 이 재미 있는 걸 더 많은 사람들에게 알리자!

한국은 전 세계에서 TED토크를 가장 많이 보는 나라다. TEDx로 불리는 미니 TED가 곳곳에서 열린다. TED를 계기로 다른 강연회도 덩달아 인기를 얻게 되었다. 덕분에 2013년 TED콘퍼런스 연사 중에는 한국인이 네 명이나 된다. 그러나 한국의 TED 열풍 속에서도, TED를 전체적으로 파악할 수 있는 기회는 드물다. TED는 여러 얼굴을 갖고 있기 때문이다. 특히 TED와 관련한 모든 것들의 모태가 된 TED콘퍼런스에 대해서는 정작 알려진 것이 많지 않다.

나는 왕년의 콘퍼런스 기획자로서, 취재 기자로서, 그리고 TED를 좋아하는 한 사람으로서, TED의 여러 얼굴을 생생하게 이 책에 담고자 노력했다. 특히 급진적 개방성을 내세운 TED의 이면은 어떤 모습인지, TED라는 브랜드는 어떻게 확장됐는지 보여 주고 싶었다. 이렇게 TED의 전반적인 모습을 조명한 책은 처음이 아닐까 싶다.

TED콘퍼런스를 다녀와서 그렇게 안달이 났던 것에 비하면 이 책은 더디게 진행됐다. 근무 부서가 바뀌면서 콘퍼런스 관련 업무가 아니라 예전에 하던 공연 취재를 다시 하게 되어, 진도가 빨리

나가지 않았다. 그러나 좋은 점도 있었다. TED콘퍼런스를 몇 차례 더 지켜볼 수 있었고, TED가 그동안 겪은 중요한 변화까지 책에 담을 수 있었다. 또 눈에 콩깍지가 쓰인 것처럼 TED에 푹 빠져 있다가 업무가 바뀌면서 거리를 두고 객관적인 시각으로 바라볼 수 있게 되었다.

"TED토크 본 적 있으세요? 내용이 굉장히 좋아요. 재미있어요. 인터넷에 TED토크 치면 나오거든요. TED토크는요, 미국에 TED라는 콘퍼런스가 있거든요. 그 콘퍼런스에서 한 강연들을 다 인터넷에 올려놓은 거예요. TED콘퍼런스는 어떤 콘퍼런스인가 하면요……."

나는 요즘도 주변 사람들에게 이렇게 TED를 알리고 다닌다. 이제부터는 목 아프게 긴긴 설명은 생략하고 이 책을 안겨 줄 생각이다. 늘 TED토크를 재미있게 보지만 도대체 TED가 어떻게 만들어졌고 어떻게 변하고 있는지, 이 놀라운 집단이 어떻게 저절로 굴러가고 있는지 궁금한 사람에게 이 책이 대답을 줄 수 있을 것이다. 특히 TED토크를 많이 봐서 TED에 대해 잘 알고 있다고 생각하는 사람들은 더 주목해야 할 것이다. 우리가 알고 있는 TED는 정말 빙산의 일각에 불과하니까.

이 책을 쓰면서 많은 분들께 도움을 받았다. 나를 TED의 세계로 안내한 서울디지털포럼 기획 부서 식구들을 비롯한 SBS의 선후배 동료들, TED콘퍼런스 출장 취재를 지원한 SBS문화재단, 책을 쓸 계기를 처음 마련해 준 관훈클럽, 그리고 선뜻 출판을 결정해 준 민음사에 감사한다. TED를 취재하면서 만난 열정적인 사람들, TEDx 오거나이저들로부터 많은 도움을 받았다. 무엇보다도 공연 취재하느라 매일 밤늦게 들어오면서 어쩌다 시간이 날 때도 책 쓴다는 핑계로 집에선 내내 컴퓨터만 붙들고 살았던 나를 기다려 준 가족들에게, 미안하고 고맙다.

차례

1장
TED란 무엇인가

'TED란 무엇인가'라는 질문에는 간단하게 대답하기 어렵다. 흔히 TED^{테드}가 기술, 엔터테인먼트, 디자인Technology, Entertainment and Design의 약자라는 '정의'가 제일 먼저 등장하게 마련이지만, 이는 TED를 파악하는 데 별 도움이 되지 못한다. TED는 이 정의를 훌쩍 넘어서는 다양한 얼굴을 갖고 있기 때문이다.

이 첫 장에서 나는 TED를 두 가지 측면에서 파악해 보려 한다. 첫 번째는 '인터넷 기반의 지식 공유 플랫폼'으로서의 TED다. 아래 기사에서 설명하는 것처럼.

TED는 기술, 엔터테인먼트, 디자인의 약자로, 미국 새플링재단 (Sapling Foundation)이 기획한 인터넷 기반의 지식 공유 플랫폼이다. '의미 있는 아이디어를 널리 퍼뜨리자'는 취지에서 스티브 잡스, 빌 게이츠 등 세계적인 명사들의 강연과 자료를 무료로 제공하고 있다.[1]

TED는 웹사이트^{www.ted.com}를 통해 'TED토크^{TED Talk}'로 불리는 강연 동영상을 무료로 제공한다. TED웹사이트뿐 아니라 유튜브, 아이튠즈에서도 TED토크를 보고, 다운로드할 수 있다. TED가 많은 사람들에게 알려진 것은 누구나 쉽게 접할 수 있는 이 TED토크 덕분이다. TED토크는 2006년 6월부터 일반에 무료로 공개되기 시작했다. 2013년 2월 1일 현재 TED웹사이트에는 1432개의 TED토크가 공개되어 있다.

TED토크는 일반적인 강연과는 차별된다. 짧으면 3분, 길어야 18분이 넘지 않는 짧은 길이다. 이 '18분'이 일반적인 TED토크의 길이로 정해져 있는 시간이다. 강연이라면 연사들이 연단에 서서 정적으로 이야기만 하는 걸 떠올리기 쉽지만, TED토크는 대부분 슬라이드 쇼나 비디오 상영, 공연 등을 곁들인다. 굉장히 역동적이고 생생하다. 지루할 틈이 없다.

강연의 주제는 TED라는 이름에 한정되지 않는다. 이름처럼 기술, 엔터테인먼트, 디자인을 주제로 한 강연들도 물론 많지만, 비즈니스, 과학, 글로벌 이슈 등 굉장히 다양한 주제를 다룬다. "당신이 몰랐던, 오르가슴에 대한 10가지 이야기"[2] 혹은 "게임으로 더 좋은 세상을 만들 수 있다."[3] 등의 '도발적인' 제목의 강연 들도 얼마든지 찾아볼 수 있다.

TED웹사이트는 TED토크의 등급을 '입이 딱 벌어지는', '설득력 있는', '용기 있는', '천재적인', '환상적인', '영감을 주는', '아름다운', '재미있는', '정보가 풍부한' 등으로 분류한다. 등급이라고는 하지만, 우열을 가린다기보다는 그만큼 TED토크가 다양한 내용과 성격을 가지고 있다는 걸 보여 준다.

그러면 TED토크의 연사들을 살펴보자. 빌 클린턴Bill Clinton, 앨 고어, 고든 브라운Gordon Brown, 데이비드 캐머런David Cameron 같은 정치가에서부터 빌 게이츠Bill Gates, 구글 창립자인 래리 페이지Larry Page와 세르게이 브린 등 IT업계의 거물뿐 아니라 제인 구달Jane Goodall, 『이기적 유전자The Selfish Gene』를 쓴 리처드 도킨스Richard Dawkins 같은 과학자들, 『아웃라이어Outliers』의 말콤 글래드웰Malcolm Gladwell, 『버자이너 모놀로그The Vagina Monologues』의 이브 엔슬러Eve Ensler 같은 작가들, 영국 출신의 타악기 연주가 이블린 글레니Evelyn Glennie 같은 예술가들까지, 쟁쟁한 인사들을 아우른다.

반드시 세계적인 저명인사만 TED토크를 하는 건 아니다. 열두 살 어린이 아도라 스비탁Adora Svitak은 '어른이 어린이로부터 배울

수 있는 것'이라는 주제로 이야기한다. '어린이 같다, 유치하다Childish 라는 단어는 나쁜 뉘앙스를 갖고 있지만, 세상을 망치는 것은 어린이가 아니라 모두 어른들'이라며, '세상이 살기 좋아지려면 어린이처럼 생각해야 한다.'면서, 당당하게 어른들에게 일침을 놓는다.[4]

대부분의 TED토크는 영어로 돼 있다. 연사들은 다양한 국적에 다양한 영어 악센트를 구사한다. 게다가 적지 않은 TED토크들이 한국어 자막까지 제공한다. 영어 공부에 최적의 교재라 해도 과언이 아니다. 영어 공부도 할 겸, 지식도 쌓을 겸 TED토크를 본다는 사람들이 내 주변에도 꽤 많다.

그런데 이 TED토크는 사실 TED라는 이름의 콘퍼런스에서 진행된 강연들을 이르는 말이다. 물론 TED웹사이트에는 TED콘퍼런스가 아닌 다른 곳에서 열린 강연들도 포함돼 있다. 이를테면 그 유명한 "갈망하라, 우직하게Stay Hungry! Stay Foolish!" 같은 경구가 등장하는 스티브 잡스Steve Jobs의 스탠퍼드대 졸업식 연설 동영상도 TED토크로 올라 있다. TED가 다른 콘퍼런스나 대학 등과도 제휴를 맺고 수준 높은 강연 동영상을 제공하고 있기 때문이다.

그러나 기본적으로 TED웹사이트와 TED토크는 TED콘퍼런스를 기반으로 한다. TED는 매년 2월 말, 미국 캘리포니아 롱비치에서 일주일간 열리는 국제 콘퍼런스다. 콘퍼런스로서의 TED. 이게 바로 TED의 두 번째 개념이다. 지식 공유 웹사이트로서의 TED에 비하면 상대적으로 덜 알려져 있다. 하지만 TED콘퍼런스가 없었다면 TED토크도 나오지 못했을 테니, 좀 더 자세히 살펴보려 한다.

TED의 탄생

TED콘퍼런스가 맨 처음 창설된 것은 1984년이다. 해리 마크스Harry Marks와 리처드 솔 워먼Richard Saul Wurman이 공동 창립자다. 맨 처음 TED의 아이디어를 떠올린 사람은 해리 마크스. 그는 방송에 그래픽을 본격적으로 도입해 '방송 디자인의 대부'로 불린다.

해리 마크스는 최신 컴퓨터 그래픽 인터페이스를 방송에 도입하고 활용하는 과정에서 예술가, 디자이너, 과학자, 엔지니어들과 자연스럽게 교류하고 있었다. 그리고 1980년대 초, 서로 다른 분야의 인사들을 한데 모아 아이디어를 교환하는 자리를 만들어 보면 좋겠다는 생각을 하게 된다. 마크스는 이 아이디어를 아스펜 국제 디자인 콘퍼런스 조직 경험이 있는 리처드 솔 워먼에게 얘기하고 도움을 요청했다.

리처드 솔 워먼은 1976년 '정보 설계자Information Architect'라는 신조어를 만들어 낸 그래픽 디자이너다. 그는 수많은 정보들이 제대로 이용되기 위해서는 이 정보를 배치하는 체계적인 시스템과 디자인이 필요하다고 주장했다. 수많은 정보들이 떠다니는 인터넷에서 정보 설계가 얼마나 중요한지 생각해 보면, 이미 30여 년 전에 이런 개념을 만들어 낸 워먼은 선구자였던 셈이다.[5]

워먼은 마크스의 아이디어를 듣고 CBS 사장을 지냈던 미국 방송계의 거물 프랭크 스탠턴Frank Stanton까지 끌어들였다. 이렇게 각 분야의 선구자들이 의기투합해 첫 번째 TED콘퍼런스인 TED 1이 캘리포니아 몬터레이에서 열렸다. 리처드 솔 워먼은 주로 IT 분야 전문가들을, 해리 마크스는 주로 방송가에서 만난 엔터테인먼트 분야 인사들을 불러 모았다.

TED 1은 창립자들이 의도했던 대로, 재즈 뮤지션 허비 행콕

Herbie Hancock과 『디지털이다Being Digital』의 저자 니콜라스 네그로폰테 Nicholas Negroponte처럼, 전혀 다른 분야의 인사들이 만나는 장이 됐다. 그리고 첨단 기술과 시대를 앞서 가는 제품들이 소개되었다. 애플의 첫 매킨토시 컴퓨터가, 루카스 필름의 3차원 그래픽 기술이, 소니의 첫 CD가 TED콘퍼런스에서 발표됐다.

CD, 즉 콤팩트디스크의 데뷔는 꽤 극적이었다. TED콘퍼런스의 청중석마다 CD가 한 장씩 놓였다. 사람들은 이 반짝거리는 은빛 원반을 집어 들고 이리저리 살펴보면서 대체 어디에 쓰는 물건인지 궁금해 했다. 당시 소니 아메리카의 사장이었던 미키 슐호프Mickey Schulhof가 무대로 올라 최초의 CD플레이어에 이 CD를 집어넣었다. 미국의 유명 록밴드 스틸리 댄의 음악이 흘러나오자 사람들은 놀라서 웅성거렸다. "뭐야? 누가 연주하는 거야?"[6]

1984년의 TED 1은 재정적으로는 실패였다. 그러나 TED 창립자들이 관찰한 기술과 엔터테인먼트, 디자인 분야의 컨버전스는 점점 뚜렷한 추세가 되어 가고 있었다. 첫 TED콘퍼런스 이후 6년 만인 1990년에 열린 두 번째 TED는 큰 성공을 거두며 정기적 개최의 길을 열었다.

놀라운 디너파티

리처드 솔 워먼은 TED의 성공에 핵심이 된 '룰'을 디자인했다. 그 첫 번째가 프로그램을 하나의 트랙으로 구성한 것이다. 많은 콘퍼런스들이 복수의 트랙으로 프로그램을 구성한다. 즉 콘퍼런스 룸에서 A라는 연사의 강연이 진행되는 동안 옆방에서는 B라는 사람이 주도하는 워크숍이 열린다든지 하는 식으로, 청중들이 여러 프로그램 가운데 선택해 듣도록 하는 것이다. 하지만 워먼은 청중들이 모두 같은 경험을 공유하고 교류하기를 원했다.

두 번째는 Q&A 세션을 없앤 것이다. 보통 콘퍼런스에서는 강연이 끝난 후에 Q&A 세션을 두는 게 일반적이다. 청중석으로부터 질문을 받고 강연자가 이에 대답하는 것이다. 하지만 TED는 Q&A 세션을 따로 두지 않고, 질문이 필요한 경우 사회자인 큐레이터가 짧게 던진다. 워먼은 '스무 개의 질문이 있다면 보통 열아홉 개 정도는 수준이 낮거나 자신의 주장을 늘어놓는 것에 불과하다.'라고 생각했다.

세 번째가 바로 가장 유명한 '18분 룰'이다. 왜 18분일까? 18분은 유대교에서 삶을 뜻하는 특별한 숫자로, 행운의 상징이기도 하다. 이 때문에 유대인인 워먼이 TED토크의 길이를 18분으로 정했다는 주장도 있다. 하지만 워먼은 이를 부정한다.

"15분은 너무 짧고 사소하게 느껴져요. 만약 20분으로 정하면 연사들은 아마 25분간 이야기할 거예요. 19는 심술궂은 느낌이 있고, 17은 소수素數죠. 그래서 18분으로 정했어요."[7]

초창기 TED는 이름에 충실하게 기술과 엔터테인먼트, 디자인에 집중했다. 창립자의 배경도 이 분야였고, 전 세계 첨단 기술의 중심지로 불리는 실리콘밸리와 가까워 이 지역을 기반으로 한 것이 큰 이유가 되었다. 하지만 해가 갈수록 TED의 연사들은 더욱 다양한 분야를 아우르게 됐다.

TED의 연사 명단에는 동물학자, 건축가, 정치가, 목사, 뮤지션 같은 사람들이 포함됐다. 또 무대 위에서 인공 다리를 착용해 보인 장애인올림픽 선수 에이미 멀린스Aimee Mullins, 6분간의 즉흥연주를 선보인 열네 살의 천재 피아니스트 제니퍼 린Jennifer Lin 등이 감동적인 순간을 선사했다.[8]

TED는 그 어느 콘퍼런스와도 달랐다. 기발하고 사업 수완도 뛰어났던 워먼은 마술사와 곡예사들을 무대에 불러 모았다. 살아 있는 뱀과 치타, 곰이 등장하기도 해서 마치 서커스 같은 분위기를 자아냈다. 실제로 전설적인 서커스 흥행사 바넘의 후손이 참가해 청중들에게 빨간 피에로 코 가면을 나눠 준 적도 있다. 시카고 필드 박물관에서 가져온 거대한 공룡 머리 모형, 노먼 리어 센터가 소장한 2500만 달러 값어치의 1776년도 「미국 독립선언문」 원본, 200만 달러를 호가하는 데일 치훌리Dale Chihuly, 유리 조형의 새로운 지평을 연 유명 아티스트

의 작품이 TED의 연단을 장식하기도 했다.[9]

1994년 한 잡지에 실린 TED콘퍼런스 관련 기사를 통해 초창기 TED의 모습을 살펴보자.[10] TED 5는 캘리포니아 몬터레이에서 1994년 2월 24일부터 27일까지 열렸다. 엄선된 500명만이 초청을 받아, 교통비와 숙박비를 빼고도 1450달러를 내야 이 콘퍼런스에 참가할 수 있었다. TED는 홍보 예산도 없고, 보도 자료도, 포스터도, 브로슈어도 만들지 않았지만 인기는 날로 높아졌다.

리처드 솔 워먼은 TED의 참가자들을 '테돌로지스트TEDologist'라고 불렀다. 테돌로지스트는 여러 분야의 인사들로 구성됐다. 의사, 변호사, 예술가, 작가, 과학자, 출판업자, 그리고 소프트웨어 천재부터 디즈니의 상상력 엔지니어Imagineer까지, 다양한 기술 분야 인사들이 TED에 참가하기 위해 모여들었다. 빌 게이츠, 올리버 스톤Oliver Stone 감독, 뮤지션 퀸시 존스Quincy Jones, 고생물학자 스티븐 제이 굴드Stephen Jay Gould 등이 연단에 올랐다.

그렇다면 이 다종다양한 사람들을 뭉치게 했던 힘은 무엇이었을까? 그것은 '워먼이 여는 파티에는 늘 멋진 사람들이 온다.'는 믿음이었다. 뛰어난 천재들이 펼쳐 보이는 강연도 중요하지만, 더욱 중요한 것은 강연과 강연 사이, 직접 그들을 만나고 이야기를 나눌 수 있는 기회가 TED에는 있다는 사실이었다. 오마하의 현자 워런 버핏Warren Buffett과의 점심 식사가 약 40억 원에 낙찰되었음을 상기해 본다면, 뛰어난 인물과의 만남은 그 어떤 것보다도 값진 투자라 할 수 있다. 뿐만 아니라 TED는 각 분야에서 새로운 기회를 찾고 있는 스마트한 인물들이 모이는 장소이기도 하다. 워먼 역시 "연사와 청중이 다르지 않다. 오히려 연사보다 청중이 더 중요하다."고 했다. 사람들은 다채로운 만남을 통해 아이디어를 교환하고, 사업 계약을 성사시켰다.

참가비는 비싸지만, TED의 참가자들은 그만큼 많은 것을 얻고 돌아간다. '세계에서 가장 근사한 디너파티'를 열겠다는 워먼의 목표는 성공했다. 흥미로운 강연, 다채로운 만남의 기회, 그리고 근사한 선물까지. 1994년에는 샤프가 참가자들의 연락처가 입력된 최신 전자수첩을 모두에게 제공했다.

TED, 크리스 앤더슨을 얻다

2000년대 들어 TED는 중대한 변화를 겪게 된다. 컴퓨터 저널리스트이자 잡지 발행인이었던 크리스 앤더슨이 이끄는 비영리의 새플링재단이 TED콘퍼런스의 운영권을 리처드 솔 워먼으로부터 넘겨받은 것이다. 크리스 앤더슨은 파키스탄에서 태어난 영국인으로,《비즈니스 2.0 Business 2.0》등 130종의 잡지를 발행한 퓨처 퍼블리싱Future Publishing의 창립자였다.[11]

그 자신이 TED의 팬이었던 크리스 앤더슨은 2000년 워먼을 만나 TED의 미래에 대해 대화를 나누게 된다. 당시 65세였던 워먼은 TED에서 물러날 생각을 하고 있던 참이었다. 2001년 두 사람은 운영권 이전 계약을 체결했고, 앤더슨은 TED의 큐레이터가 되었다. 2002년 2월 앤더슨은 워먼이 주최한 마지막 TED에 참석해 청중에게 새로운 TED의 청사진을 밝혔다.[12]

2002년 2월이라면, 미국 사회가 닷컴 버블의 붕괴와 9·11 등의 여파에서 아직 벗어나지 못하고 있던 때였다. 크리스 앤더슨 역시 자신의 회사에서 수백 명의 직원을 내보내야 했고, 자산 가치가 18개월 동안 하루에 100만 달러씩 급락하는 걸 지켜봐야 했다. 그는 닷컴 버블이 붕괴되는 와중에 자신이 일궈 놓은 사업체가 추락하는 걸 보면서 깊이 절망했고, 행복이 무엇인지 다시 생각해 보게 됐다고 말한다. 이 경험이 그가 영리 사업에서 손을 떼고 TED에 전념하는 중요한 계기가 됐다.

크리스 앤더슨은 TED가 "다음 단계를 모색할 수 있는 가장 훌륭한 장"이라고 말한다. TED에서는 어떤 문제에 대한 해법을 다양한 분야에서 탐구할 수 있다. TED 청중들은 전혀 상관없어 보이는 수많은 아이디어들을 접하고, 이 아이디어들이 결국에는 서로 연결된다는 것을 깨닫게 된다. 이는 지성과 영혼을 자극하는 '전뇌 마사지'를 받는 것과 같다고 앤더슨은 강조한다.

앤더슨은 TED콘퍼런스의 장점을 그대로 유지하는 한편, 다양한 분야에서 뛰어난 연사들을 유치하고, 자유롭게 소통하게 하고,

기업의 영향력에 좌우되지 않을 것이라고 약속했다. 또 TED 체험
TED experience을 콘퍼런스 기간에 한정하지 않고 더욱 확장하겠다고
청중에게 약속했다. 이 중에는 TED 회원들을 위한 북 클럽을 운영
하겠다는 아이디어도 포함돼 있었다.

크리스 앤더슨 이후 TED콘퍼런스는 비영리로 운영되기 시작
한다. 그리고 명시적으로, 기술과 엔터테인먼트, 디자인 외의 어떤
분야이든 상관없이, 미국을 넘어 전 세계에서 흥미로운 연사들을 초
청하기 시작했다. TED콘퍼런스에서 탄생하는 아이디어와 영감은
콘퍼런스를 넘어 세상으로 확산되기 시작했다. TED의 새 모토는
'가치 있는 아이디어의 확산Ideas worth spreading', 즉 가치 있는 아이디
어를 보다 널리 알리고 이를 통해 사회를 변화시키자는 것이 되었다.

이에 따라 TED는 꾸준히 새로운 프로젝트를 출범시켰다.
2005년 TED는 '세상을 바꾸는 큰 아이디어들'을 논의하기 위해 영
국 옥스퍼드에 자매 콘퍼런스인 TED글로벌TED Global을 새롭게 열
기 시작한다. 같은 해 TED프라이즈TED Prize가 처음 제정되었다. 매
년 TED프라이즈 수상자는 '세상을 바꾸는 소원'인 TED프라이즈
위시TED Prize Wish를 TED콘퍼런스에서 발표하고, TED는 이 소원을
이루기 위해 노력한다.

2006년에는 TED콘퍼런스의 강연들을 TED토크라는 이름
으로 온라인에 무료로 제공하기 시작했다. 이는 TED가 세상에 널
리 알려지기 시작한 결정적인 계기였다. 처음에는 강연을 녹화해 모

두 공개하는 것은 자살 행위나 마찬가지이며, 과연 녹화된 강연 따위에 관심을 가질 사람이 얼마나 있겠는가 하는 우려도 있었다.[13]

그러나 온라인으로 공개된 TED토크에 세계는 뜨겁게 화답했다. 폭발적인 반응에 힘입어 공개 석 달 만에 TED는 웹사이트를 TED토크를 중심으로 다시 출범시키고 아이디어의 확산이라는 새로운 사명에 맞도록 조직을 개편했다. TED토크는 첫해에만 1500만 건의 조회 수를 기록했다.

온라인에 TED토크를 무료로 공개하기 시작하면서, TED는 콘퍼런스가 다소 위축되지 않을까 우려했다. 하지만 오히려 콘퍼런스는 더욱 번창했다. TED는 2006년 콘퍼런스 참가비를 50퍼센트 인상했지만, 일주일 만에 매진됐다. 대기자만 1000명에 이르렀다.

2009년에는 '열린 번역 프로젝트Open Translation Project'로 불리는 번역 사업이 시작됐다. 전 세계 자원봉사자들이 참여하고 있는 이 프로젝트의 결과, 지금은 수많은 TED토크가 90개 이상의 언어로 번역돼 자막을 제공한다. 이해부터 테드닷컴 트래픽의 절반 이상이 미국 밖에서 일어나기 시작했다.

크리스 앤더슨은 더 나아가 전 세계에서 TED 스타일의 소규모 콘퍼런스를 열고 싶은 사람들에게 몇 가지 원칙만 지킨다면 TED라는 이름을 무료로 사용할 수 있도록 했다. TED콘퍼런스의 축소판, 바로 TEDx의 출범이다. 이렇게 크리스 앤더슨 이후의 모든 변화는 TED를 '콘퍼런스'에서 '확산할 만한 가치가 있는 아이디어

들의 플랫폼'으로 진화시켜 왔다.[14]

    인터넷을 기반으로 한 지식 공유 플랫폼으로서의 TED와 콘퍼런스로서의 TED는 서로 밀접하게 연관돼 있지만, 전혀 상반된 성격을 지닌다. 크리스 앤더슨은 이렇게 상반된 얼굴의 TED를 성공적으로 이끌어 왔다. TED콘퍼런스 없는 TED는 생각할 수 없지만, 이제 TED는 콘퍼런스를 넘어선 개념이 된 것이다.

    TED콘퍼런스는 엄선된 소수만 낄 수 있는 엘리트 커뮤니티다. 참가비만 낸다고 해서 아무나 TED콘퍼런스에 참가할 수 있는 것도 아니다. 일단 커뮤니티 안에 들어가면 연사도, 청중도, 다 평등한 '참가자 1인'으로 존중되지만, 이 커뮤니티에 끼는 일은 쉽지 않다. 이 커뮤니티 바깥의 사람들에게 TED는 폐쇄적이고 엘리트주의적인 '그들만의 리그'에 가깝다.

    인터넷을 기반으로 한 지식 공유 플랫폼으로서의 TED는 콘퍼런스의 폐쇄성과는 거리가 멀다. 인터넷은, 최소한 인터넷 회선이 깔리고 접속이 차단되지 않은 곳이라면, 많은 사람들에게 열려 있는 공간이다. 인터넷을 통해 누구나 TED토크를 무료로 접할 수 있다. 영어 구사가 불가능한 사람들을 위해 번역 자막도 제공된다. TED웹사이트는 TED토크를 올려놓을 뿐 아니라 수많은 일반인들의 목소리를 들을 수 있는 창구도 마련하고 있다.

디너파티에서 유엔으로

TED의 창립자인 리처드 솔 워먼은 2009년에 한 인터뷰에서 크리스 앤더슨 이후의 변화를 실감나게 표현한다. TED콘퍼런스가 25주년을 맞은 2009년, TED콘퍼런스는 좌석이 500석에 불과했던 기존의 몬터레이콘퍼런스센터를 떠나 롱비치공연예술센터에 새로 자리 잡았다. 워먼은 콘퍼런스 참가자로 북적거리는 롱비치공연예술센터 로비에서 이렇게 말한다.[15]

> "내가 25년 전에 목격했던 기술과 엔터테인먼트, 디자인 간의 컨버전스(convergence)는 이제 아주 오래된 아이디어예요. 아마 콘퍼런스에 온 2000명의 청중은 대부분 TED가 사람 이름이라고 생각할 겁니다. (사실은 나도 맨 처음엔 TED가 사람 이름인 줄 알았다. 창립자의 이름을 따서 지은 콘퍼런스라고 생각했던 것이다.) TED가 '기술, 엔터테인먼트, 디자인'의 약자라는 걸 아는 사람은 거의 없을 테죠. 나한테 이름이 테드냐고 물어오는 경우도 있었어요."

워먼은 끊임없이 "당신의 베이비였던 TED의 변화에 대해 어떻게 생각하느냐?"라는 질문을 받았다. 그때마다 그는 "나는 이미 콘퍼런스에서 손을 뗐다. 더 나빠지거나 좋아지거나 이런 게 아니라,

크리스는 그냥 나와 다른 거다."라고 대답했다.

"크리스는 어떤 이유에서든, 세상에 변화를 일으켜야 한다는 미션이 있고, 이 미션을 콘퍼런스와 다른 수단을 통해 완수하려합니다. 크리스는 콘퍼런스를 여러 곳에서, 그리고 더 큰 곳에서 열죠. 나도 캐나다, 일본, 뉴욕, 찰스턴, 필라델피아에서 콘퍼런스를 열었지만, 세상을 바꾸려는 것은 아니었습니다. 그보다는 내가 세상을 이해하는 방식을 좀 더 명확히 하려는 것이었고, 이 여정에 다른 사람들을 초청한 것이었죠. 나는 내가 즐거우려고 좋은 사람들을 불렀어요. 그런데 크리스는 청중의 즐거움을 위해 좋은 사람들을 부르죠. 콘퍼런스는 더 커졌어요. 얻은 것도 있고 잃은 것도 있죠. 나는 개인적인 디너파티였고, 그는 유엔이에요!"

TED가 개인적인 디너파티에서 유엔으로 바뀌었다는 워먼의 비유는 적절하다. 크리스 앤더슨은 TED 콘퍼런스에서 논의되는 아이디어를 통해 세상을 바꾸고 싶어 했다. 그가 TED 콘퍼런스를 인수한 후 일어난 모든 변화는 바로 이 목적을 위한 것이었다. 하지만 앤더슨 이후의 많은 변화에도 불구하고, 초창기부터 TED를 다른 콘퍼런스와 차별되게 했던 특성은 그대로 유지되고 있다.

규모가 커지기는 했지만, 여전히 TED 콘퍼런스에는 엄선된 소수가 비싼 참가비를 내고 참석한다. 참가자들은 콘퍼런스에서 다양한 분야의 강연을 접하며 지식의 컨버전스, 아이디어의 컨버전스를 목격하고 체험한다. 무엇보다도 TED콘퍼런스는 다채로운 만남과 사교의 장이다.

그러고 보면 리처드 솔 워먼이 말했던 '디너파티'는 지금도 열리고 있는 셈이다. 크리스 앤더슨이 주최하는 파티의 규모는 예전보다 훨씬 커졌고, 파티에서 나온 얘기들을 바깥 세상에 많이 알리고 있다는 게 달라진 점이지만.

TED 피플 1 TED의 리더, 크리스 앤더슨

크리스 앤더슨은 TED의 '큐레이터'다. 그는 매년 TED콘퍼런스의 주제를 정하고, 연사를 불러 모은다. 콘퍼런스 구성에 대한 책임을 지고, 직접 무대에 올라 콘퍼런스를 진행한다. 그는 콘퍼런스의 개막과 폐막을 선언하고, 각 세션의 연사를 소개하고, 질문을 던지고, 청중의 반응을 이끌어 낸다.

TED의 창립자 리처드 솔 워먼이 초창기 TED의 모습을 만들어 냈다면, 크리스 앤더슨은 초창기와는 달라진, '유엔이 된' 지금의 TED를 만들고 있는 주역이다. 크리스 앤더슨을 빼고는 TED를 말할 수 없다.

나는 2010년 TED콘퍼런스에 한국 언론 최초로 언론사 자격으로 참가해, 크리스 앤더슨을 만날 수 있었다. 오래전에 인터뷰 약속을 잡아 놨지만, 매일 콘퍼런스 진행에 바쁜 그를 만날 수 있었던 시간은 콘퍼런스 마지막 날, 모든 세션이 끝나고 나서였다.

당신이 보는 TED의 강점은 무엇입니까?

TED의 매력은 사람들의 호기심에서 비롯됩니다. 호기심이야 말로 TED에 참석하는 다양한 사람들을 연결하고 소통시키는 요소 입니다. 그들은 이 세상의 흥미로운 아이디어에 호기심을 느끼고 더 알고 싶어 이 자리에 모이는 것입니다.

하지만 진정한 호기심은 열린 마음이 밑받침되어야 합니다. 열린 마음을 가진 사람들은 기술과 과학의 놀라운 발전에 대해 배우고, 다른 사람들로부터 영감을 받아 스스로에 대한 생각을 바꾸게 됩니다. TED콘퍼런스에 참가한 며칠 사이에 사람들은 가슴속에서 무한한 가능성을 느끼게 되지요.

열린 마음과 호기심은 그들이 콘퍼런스에서 새로운 지식을 추구하는 데 그치지 않고, 더 나아가 연사들로부터 영감을 느끼도록 해 줍니다.

수많은 훌륭한 연사들을 초청하는 비결은 무엇인가요?

흥미롭게도 여기 모인 사람들은 '훌륭한 TED토크'라는 게 무엇인지에 대해 뛰어난 감각을 갖추고 있고, 우리는 그들로부터 수많은 제안을 받습니다. 우리는 특별함을 갖췄을 뿐 아니라 이를 효과적으로 전달할 수 있는 사람들을 찾고 있습니다. 사람들은 자신이 속해 있는 분야에만 몰두해서 다른 분야의 일들에 대해선 쉽게 따분함을 느끼고 관심을 잘 갖지 않기 때문이지요.

연사들은 자신들이 하는 일이 얼마나 특별한지를 청중에게 잘 보여 주고 연결할 수 있는 능력을 갖춰야 합니다. TED콘퍼런스에 참가한 연사들은 자신들의 삶을 공개하고 자신들의 일이 얼마나 즐겁고 유익한 것인지 효과적으로 표현하기 위해 많은 노력을 합니다. 18분 안에 생각을 명료하게 전달하기 위해 수많은 연습과 연구를 하는 것이죠.

TED프라이즈를 제정한 이유는 무엇인가요?

제가 처음 TED콘퍼런스에 참가했을 때, 영감과 무한한 가능성을 느끼고 감탄하지 않을 수 없었습니다. 하지만 이것은 그냥 가능성일 뿐이고, 이를 이루어 내는 것은 생각보다 쉬운 일이 아닙니다. 사람들은 어떻게 이 가능성을 이루어 낼 수 있을지 잘 모르지요. 그래서 생각해 낸 것이 TED프라이즈입니다.

우리는 TED프라이즈 수상자에게 소원을 빌도록 합니다. 다소 어린아이 같으면서도 마술 같은 이 소원은 청중을 흥분시키고 매료시킵니다. 청중은 'TED프라이즈 위시'가 무엇이 될지 궁금해 하지요. 수많은 연사들 중 단 한 명에게만 소원을 빌 기회를 주는 것은, 우리가 모든 일을 할 수는 없지만 한 가지 일에 집중할 수는 있기 때문입니다. TED프라이즈는, 혼자서는 할 수 없지만 모두 힘을 합치

면 해 나갈 수 있다는 신념을 불어넣어 줍니다.

지금 이 사회, 세계 속에서 TED의 역할은 무엇이라고 생각하십니까?

　　TED가 너무 급속하게 성장하고 있어 지금 명확한 답을 드리기는 어려울 것 같습니다. 하지만 저는 이 모든 것이 '지식'으로부터 출발했다고 생각합니다. TED 웹사이트의 트래픽이 폭발적으로 늘어나고 TEDx(TED와 비슷한 형식으로 열리는 지역 이벤트. 뒤에서 상세히 다룰 예정이다)가 세계 곳곳에서 열리고 있는 것도, 기존의 미디어로는 충족되지 않는, 지식에 대한 사람들의 갈망 때문이라고 생각합니다. 기존의 미디어는 충격적인 뉴스와 연예계의 이슈만 다룰 뿐, 더 심오한 내용에 있어선 미흡한 부분이 있습니다.

우리는 18분짜리 TED토크들을 저렴한 비용으로 유통시켜 주는 인터넷의 덕도 보고 있는 것 같습니다. 사람들은 토크의 내용들을 따분하게 읽는 대신 인터넷을 통해 훌륭한 스승으로부터 직접 듣게 되는 것이죠. 훌륭한 강연에 깊이 감명 받은 사람들은 이메일로 TED토크를 주변 사람들에게 보내며 "이것 좀 봐." 하고 추천하기도 합니다. 사실은 훌륭한 강연들이라도 5초에서 10초 만에 '아, 다음에 봐야지.' 하고 생각하게 되는 경우가 많지만, 누군가의 적극적인 추천을 받는다면 주의 깊게 경청하게 되겠죠.

결과적으로 이 모든 것들은 지금도 세상에 일어나고 있는 '혁신'에 대한 사람들의 호기심에서 비롯됩니다. 또 많은 사람들이 희망과 긍정을 갈망하고 있고요. 여기에 모인 대부분의 연사들은 우리가 미래를 만들어 갈 수 있다고 믿습니다.

왜 18분인가요?

18분이란 시간은 짧지만, 진지한 내용을 다루기에도 충분한 시간이라고 생각합니다. 또 강연이 너무 길어지면 모든 사람들의 관심을 완전히 사로잡기 쉽지 않지요. 그래서 18분이 됐습니다.

온라인에서도 18분이죠. 18분이라면 티타임 정도의 시간인

데, 처음에는 사람들이 온라인 동영상으로 18분 동안이나 강연을 보는 게 힘들지 않을까 생각했어요. 그런데 아니더라고요. 사람들은 동영상이 18분보다 훨씬 더 길어질 때에 안 보는 것 같더군요.

18분이란 시간은 TED 연사들에게는 큰 도전입니다. 평소 30분에서 40분 정도 강연하던 연사들도 내용을 짧게 간추려야 하기 때문이죠. 그런 압축 과정에서 연사들은 무엇이 가장 소중하고 의미 있는 것인지를 깨닫고 내용을 명료하게 전달하는 법을 배우게 됩니다.

비록 18분이지만, 그 짧은 시간 속에는 연사들이 최고의 강연을 만들기 위해 몇 달 동안 쏟은 노력이 담겨 있습니다. 연사들은 다른 연사들의 TED토크를 보면서도 많은 것들을 배운다고 해요. 그 덕에 우리는 훌륭한 TED토크를 즐길 수 있는 것이죠.

TED의 강점은 연사뿐 아니라 훌륭한 청중에도 있는 것 같습니다. 청중은 어떻게 관리하십니까?

운 좋게도 TED콘퍼런스는 이제 개막 1년 전부터 매진이 되는 단계에 이르렀습니다. 참가를 원하는 대기자 명단이 굉장히 길어서, 우리는 TED 참가자들을 까다롭게 선택하고 있습니다. TED 참가자들은 모두 함께 점심을 먹으며 이야기를 나누고 싶을 만큼 흥미로운 사람들이어야 합니다. 당신이 말했듯이 여기에 온 모든 사람들이 주목할 만한 일들을 해냈고 많은 관객들이 주요 연사들에 버금가는 흥미로운 이야기를 3분간의 토크로 들려주고 있습니다.

2장
왜 TED에 열광하는가

요즘 TED는 그야말로 전 세계적인 스타다. 인터넷을 기반으로 한 지식 공유 플랫폼으로서도, 국제 콘퍼런스로서도 그렇다. TED콘퍼런스는 매번 1년 전에 참가 신청이 마감된다. 참가비는 7500달러에 이르지만, 돈만 내면 참가할 수 있는 콘퍼런스도 아니다. TED에 참가하고 싶은 사람은 '내가 TED에 참가해야 하는 이유'를 적어 내야 하는 등 까다로운 심사를 거친다. 이 심사를 통과해야 비로소 테드스터TEDster, 즉 TED 참가자가 될 자격을 얻게 된다. 참 콧대 높은 콘퍼런스다.

하지만 TED콘퍼런스에 참가하지 않더라도 TED토크를 접하는 건 어렵지 않은 일이다. TED 웹사이트에 들어가면 언제든 인기 TED 토크들을 일목요연하게 볼 수 있다. TED에 열광하는 사람들이 많아진 건 이렇게 쉽게 접할 수 있는 TED 토크 덕분이다. 인기 토크들의 조회수는 TED 웹사이트에서만 보통 수백만 건에 이른다.

2013년 2월 현재 TED 웹사이트에서 가장 인기 있는 TED 토크는 켄 로빈슨Ken Robinson의 '학교가 창의성을 죽이나?Do schools kill creativity?'라는 제목의 강연이다. 1500만 건 가까운 조회수에 댓글이 2800여 건 달려 있다. TED 토크에 메일링 기능이 있고, 다른 영상 공유 사이트에도 제공되는 것을 감안하면, 실제로 이 토크를 보는 사람들은 이보다 훨씬 많을 것이다.

유튜브의 TED 토크 채널에는 1400여 개의 TED 토크 동영상이 올라 있다. TED 토크 채널 구독자만 70만 명이 넘는다. 이 채널에 속한 동영상 조회수를 합치면 1억 5000만 번 이상이다. 애플의 아이튠즈는 2011년의 베스트 비디오 팟캐스트로 TED 토크를 선정했다. 앱스토어에서도 아이폰과 아이팟, 아이패드를 위한 TED 앱은 큰 인기다. TED의 페이스북 페이지 역시 263만 명이 구독하는 인기 페이지다.[16]

2009년에 5000만이었던 TED 토크의 누적 조회수는 불과 3년 만에 10억을 돌파하며 가파른 성장세를 타고 있다. 국내에서도 EBS가 인터넷에서만 접하던 TED 토크를 2010년 텔레비전에서 해설과 함께 방영하는 프로그램을 신설해 국내 TED 열풍에 불을 지폈다. 이렇게 인기가 높다 보니 한국형 TED를 표방하는 프로그램도 우후죽순 생겨나고 있는데, 2011년 5월부터 진행된 CBS의 토크 프로그램 '세상을 바꾸는 시간 15분' 같은 것이 대표적이다. 가히 'TED 현상'이라 할 만하다. 왜 그럴까?

TED, 새로운 하버드

TED는 지식의 보고이자 영감의 원천이다. TED토크는 단순히 지금까지 몰랐던 지식을 전달하는 데 그치지 않는다. 사람의 마음을 움직이는 힘이 있다. 새로운 영감을 제공한다. 지금 TED웹사이트를 들어가 보라. 대문 화면에는 가장 최근에 업데이트된 TED토크들이 즐비하게 떠있다. 첫 화면에 뜨는 건 빙산의 일각에 불과하다. TED토크의 바다에 뛰어들어 보라.

의료기술 전문가 빌 도일Bill Doyle이 전기를 이용한 새로운 암 치료법을 소개하고,[17] 네덜란드의 국방장관이 평화를 위해 무기가 필요한 이유를 역설한다. 응급실 외과의로 일하는 브라이언 골드먼Brian Goldman은 실수에 대해 이야기조차 하지 않으려 하는 의료 문화를 꼬집는다.[18] 그런가 하면 소설가 알랭 드 보통Alain de Botton은 '무신론 2.0'이라는 제목으로 '무신론자를 위한 종교'를 제안한다.[19] 수학자 스콧 리카드Scott Rickard는 음악의 아름다움 뒤에 숨겨진 수학적

원리를 보여 주고,[20] 철학자 줄리언 바지니Julian Baggini는 당신의 성격은 어떻게 형성되는지, 다른 사람들은 당신을 어떻게 인식하는지를 철학과 신경과학 지식을 이용해 설명한다.[21]

이런 TED토크 연사들 중에는 유명한 이름도 있고, 처음 듣는 이름도 있다. 하지만 잘 모르는 연사라 해도 상관없다. 토크의 주제는 과학에서 의학, 경제, 경영, 인문학, 철학, 음악, 수학 등으로 종횡무진하다. 삶의 태도에 관한 조언이나, 생활에 도움이 되는 실용적 지식도 다뤄진다. 최신 TED토크 중에 마음에 드는 주제가 없다 해도 걱정할 건 없다. TED토크는 모든 사람들을 만족시킬 수 있을 만큼 방대하니까.

TED웹사이트에서는 사람들이 가장 많이 본 토크들, 사람들이 이메일로 가장 많이 첨부해 보낸 토크들, 최근 일주일간 가장 많은 코멘트가 달린 토크들 등 다양한 카테고리로 TED토크를 분류해 놓았다. 각각의 토크에는 이 동영상을 먼저 시청한 사람들의 코멘트가 달려 있다. 몇 번 클릭하다 보면 관심을 끄는 토크를 틀림없이 하나는 만나게 된다.

TED토크 하나를 클릭해 보고 나면 관련된 다른 토크 리스트가 옆에 줄줄이 뜬다. TED웹사이트에 들어가면 한 TED토크에서 다른 토크로, 또 다른 토크로, 이렇게 이어 보기를 하게 되는 경우가 많다.

TED토크를 골라 보는 과정은 학생들이 대학에서 수강 과목을 선택해 듣는 과정과 비슷하다. 수많은 연사들의 명단은 대학 강사들의 명단을 연상하게 한다. 다양한 주제의 TED토크들은 대학의 개설 과목과 비교해도 좋겠다. 대학의 수강 신청 때 먼저 강의를 들은 학생들의 의견을 참고하는 것처럼, 우리는 각각의 TED토크에 달린 수많은 코멘트를 참고해 이 TED토크를 클릭해 볼지 말지를 선택한다.

그래서 나온 것이 'TED는 새로운 하버드'라는 말이다. 물론 TED는 일반적인 대학과는 다르다. 건물도 없고 학위도 주지 않는다. 하지만 TED는 대학의 기능을, 그것도 아주 훌륭하게 수행하고 있다.

"지금 새로운 대학을 만든다고 하면 무엇부터 해야 할 것인가? 먼저 전 세계 최고의 지성들을 끌어 모으는 일부터 해야 한다. 다음에는 정보가 흘러넘치는 현 상황에 맞도록 새롭고 창의적인 과목들을 개설하고 운용해야 한다. 물리적 인프라보다는 기술적 환경이 중요하다. 언제 어디서나 필요한 정보에 접근할 수 있는 네트워크를 구축하고, 사람들이 강의실을 넘어 함께 협력할 수 있는 장치를 마련해 줘야 한다. 아이디어를 보다 널리, 보다 자유롭게 알리는 것이 수백 년 동안 대학들이 추구해 온 사명이 아니었던가? 이게 바로 지금 TED가 하고 있는 일이다."[22]

기술의 발달과 사회 변화 속도가 점점 더 빨라지면서 학교에서 배운 지식은 사회에 나오면 이미 낡은 것이 돼 버리는 경우가 많아졌다. 배움은 졸업과 함께 끝나는 것이 아니라, 평생 계속되는 '과정'이 된다. 이른바 평생교육이 필수가 될 수밖에 없다.

　　TED는 많은 사람들에게 배움의 욕구를 충족해 주는 이상적인 지식 플랫폼으로 기능하고 있다. 비록 대학은 아니지만, 누구나 쉽게 접할 수 있는 TED토크를 통해 지식과 아이디어가 퍼져 나간다. 최고의 대학 진학률에도 불구하고 대학 교육 만족도는 높지 않은 우리나라의 경우 TED에 더욱 열광할 만한 상황이라고 할 수 있겠다. 실제로 한국은 테드닷컴TED.com 트래픽이 가장 많이 발생하는 나라다.

　　특히 한국에서 TED토크의 인기는 뜨거운 영어 학습 열기와도 맞물려 있다. 학교에서나 직장에서나 영어 구사력이 한 사람의 능력을 평가하는 중요한 잣대가 되고 있는 게 한국의 현실이다. 요즘 자녀들의 영어 공부를 위해 TED토크에 관심을 갖는 부모들도 늘었다. 영어 대본과 번역까지 제공하는 TED토크는 영어 학원의 교재가 됐고, 국제중·국제고를 지망하는 학생들에게 TED토크를 소재로 영어 토론을 가르치는 프로그램까지 등장했을 정도다.

　　TED는 2012년 초 학생들과 교육자, 그리고 평생교육을 원하는 사람들을 위해 아이튠즈U[23]에 주제별 코스를 개설했다. TED토크들을 '창의적인 문제 해결 방법', '행복은 무엇인가', '기후 변화' 같은 주제로 분류 설계한 코스다. 아이튠즈U에서는 하버드, 스탠퍼드, 옥스퍼드 같은 유명 대학의 강의 동영상들을 접할 수 있다. 지금까지도 사실상 이런 교육기관과 비슷한 역할을 해 온 TED는 TED토크의 교육적인 측면에 주목하고 미래의 교육기관을 자임하고 나선 셈이다.

18분짜리 웹비디오의 힘

"커뮤니케이션은 원래 구술, 곧 말로 이뤄지는 것입니다. 그리고 구술 문화에서는 말 자체뿐 아니라 시각, 청각, 후각 등 대면하고 있는 사람의 모든 것이 함께 사용됐지요. 그러나 활자 시대가 시작되면서 커뮤니케이션의 형태는 오감을 사용하지 않는 지식 전달이 본격화됐습니다. 지금 TED가 각광받고 있는 것은 바로 디지털 시대에 커뮤니케이션의 원류가 접목됐기 때문입니다."[24]

TED토크는 구술 문화의 강점을 보여 준다. 말뿐 아니라 오감을 함께 사용하는 커뮤니케이션이다. 그리고 이 TED토크를 촬영한 동영상은 디지털 기술 덕분에 웹사이트에 올려져 누구나 볼 수 있게 된다. 디지털 기술이 공유를 가능하게 한 것이다. TED의 큐레이터 크리스 앤더슨은 '웹비디오는 구술문화의 재발명'이라고까지 말한다.[25] 인류는 대량 전달이 가능한 인쇄물의 시대를 맞아 구술 문화의 위력을 오랫동안 잊고 있었지만 웹비디오의 성장은 마치 인쇄물이 그랬던 것처럼 대량 전달을 가능하게 한다는 것이다.

초창기 웹에서 얻을 수 있는 정보는 문서 형태가 대부분이었다. 비디오 파일은 용량이 커서 감당할 수 없었다. 하지만 현재 인류는 매일 8000만 시간 분량의 유튜브 동영상을 보고 있다. 시스코 사에서는 향후 4년간 웹 데이터의 90퍼센트 이상을 영상물이 차지할 것이라고 예측했다.[26]

비디오를 보는 것보다 인쇄물을 읽는 것이 더 빠를 때가 많다. 필요한 부분만 골라 읽을 수도 있고, 속독을 할 수도 있다. 정보량도 많다. TED토크의 아이디어들도 대부분 인쇄물에서 찾아 읽을 수 있는 것들이다. 하지만 앤더슨은 비디오가 때로는 인쇄물보다 훨씬 강력한 효과를 낼 수 있다고 지적한다. 여기에 TED토크의 힘이 있다는 것이다.

TED토크는 단순히 강연의 내용을 전달하는 언어만으로 이뤄진 것이 아니다. 앤더슨은 "비언어적 부분에 상당한 마법이 담겨 있다."고 말한다. 즉 연사의 몸짓, 억양, 표정, 눈 맞춤, 열의, 객석의 반응 같은 수백 가지 잠재적인 단서가 숨어 있다. TED토크를 보는 사람들은 이 모든 것을 총체적으로 받아들여 내용을 이해하고 영감을 받게 된다. 물론 콘퍼런스 현장에서 보는 것과 100퍼센트 같다고 할 수는 없지만, TED토크를 컴퓨터 모니터 화면을 통해 보는 것만으로도 강력한 소통이 이뤄진다.

2011년 TED의 마지막 연사는 영화 평론가 로저 이버트Roger Ebert였다. 이버트는 오랫동안 '앳 더 무비즈At the Movies'라는 프로그램에 출연해 왔는데, 평론가 두 명이 출연하는 이 프로그램에서 엄지손가락 두 개를 치켜 올린다는 말Two Thumbs Up이 이제는 좋은 영화를 추천할 때 쓰는 통용어가 되었다. 로저 이버트는 그만큼 영향력이 큰 영화 평론가이다. 그의 TED토크 '목소리 다시 만들기'는 아마도 18분짜리 웹비디오의 위력을 잘 보여 주는 예가 될 것이다.[27]

이버트는 몇 년 전 갑상선암으로 여러 차례 수술 끝에 목소리를 잃었다. 턱이 없어 말을 할 수 없고, 거동도 불편하다. TED토크에서 그는 자신이 목소리를 잃은 후 어떻게 다른 사람들과 소통할 수 있었는지를 이야기한다. 디지털 기술이 발전한 덕분에 그는 컴퓨터를 통해 말을 할 수 있게 되었다. 그가 문자를 입력하면 애플 사의 알렉스라는 음성 프로그램이 그의 이야기를 음성으로 출력한다. 그 밖에도 이메일, 페이스북, 블로그, 트위터를 통해 수많은 사람들과 소통하고 예리한 영화 평론을 쏟아낸다.

이버트의 TED토크는 그의 컴퓨터 음성 알렉스와 그의 아내, 그리고 친구들이 번갈아 이야기하는 방식으로 이뤄졌다. 이 TED토크의 후반부, 아내가 그의 이야기를 대신 해 줄 차례가 됐을 때, 토크는 이렇게 진행됐다. (아내가 남편을 대신해서 하는 말이 아니라 자신의 말을 할 때는 **굵은 글씨**로 표시했다.)

"그간 모든 모험의 과정이 제게는 배움의 기회였어요. 수술이 실패할 때마다 전 제 살과 뼈를 조금씩 잃어 갔습니다. 이제 턱뼈는 남아 있지도 않습니다. 제 양쪽 어깨에서 조직을 떼어 낸 탓에 허리 통증이 생겼고, 걷는 일도 쉽지 않게 되었습니다. 아이러니한 것은 제 두 다리는 멀쩡한데도 어깨 때문에 걸음걸이가 느려졌다는 것입니다. 오늘 제 모습은 마치 「오페라의 유령」의 주인공 같아 보일 겁니다. (여기까지 읽고 남편 로저 이버트를 바라보며) **아니, 당신은 그렇지 않아요!** (객석에서 웃음과 함께 박수가 터진다. 아내는 다시 읽기 시작한다.)

저 같은 사람을 보고 정상이 아니라고 생각하는 건 당연합니다. 사람들은…… (아내는 목소리가 떨리면서 한동안 말을 이어가지 못한다. 그러다 남편의 손을 꼭 잡고 다시 읽기 시작한다. 객석에선 다시 박수가 터져 나온다.) 사람들은, 큰 소리로…… (다시 말을 이어가지 못한다.) **미안해요. 정말 죄송합니다.** (다시 박수) 사람들은 제게 큰 소리로 천천히 말합니다. 제가 귀가 멀었다고 생각하는 사람도 있죠. 저와 눈이 마주치는 걸 꺼리는 사람도 있습니다. (아내는 여기까지 읽고 고개를 든다.) **제가 보기에 제 남편이 하고 싶은 말은……** (다시 남편의 손을 꼭 잡는다.) **어쨌든 그냥 읽을게요. 다음부턴 나한테 이런 거 읽으라고 하지 말아요.** (웃음)

아픈 사람에게서 눈길을 피하는 건 자연스러운 일입니다. 우리가 허약하고 언젠간 죽을 수밖에 없다는 사실을 일깨워 주는 게 즐겁지는 않죠. 인터넷을 통해 글을 쓰는 것이 제 삶의 구원이 된 이유가 바로 거기에 있습니다. 저의 사고 능력과 글 쓰는 능력은 아직 아무런 영향을 받지 않았습니다. 저는 인터넷을 통해 진정한 목소리를 낼 수 있죠. 저는 이런 방법으로 소통하는 많은 장애인들을 만났습니다. …… 이들은 모두 각자의 방법으로 한 가지 사실을 전하고 있습니다. 보이는 것이 전부는 아니라는 사실이죠."

물론 로저 이버트의 TED토크를 마치 희곡 대본처럼 쓰인 글로 읽는 것만으로도 상황을 이해할 수는 있다. 하지만 TED토크를 직접 보는 건 이와는 비교할 수 없는 엄청난 효과가 있다. 턱이 없어 내내 부자연스럽게 웃고 있는 이버트는 다른 사람들이 자기 이야기를 대신 해 주는 동안 몸짓을 보탠다. 특히 바로 옆에 앉은 아내와는 자주 손을 꼭 잡고 따뜻한 눈길을 교환한다. 객석의 반응은 뜨겁다. 그와 아내가 TED토크를 끝내자 청중은 모두 기립 박수를 보냈다.

이버트의 TED토크는 유쾌하면서도 사람을 숙연하게 만드는 감동적인 강연이었다. 미묘한 음성의 떨림과 표정 변화, 작은 동작들, 객석의 분위기 같은 비언어적인 요소들이 언어와 어울려 총체적인 경험으로 다가온다. 이게 크리스 앤더슨이 말한 '마법'일 것이다. 비록 컴퓨터 모니터를 통해 본 것이었지만, 나는 충분히 감동을 느꼈고 눈시울이 뜨거워졌다.

구술 커뮤니케이션이라고 해서 모두 이런 위력을 지닌 것은 아니다. TED토크는 18분이라는 짧은 시간에 가장 효과적으로 연사의 아이디어를 전달할 수 있도록 치밀하게 구성된다. 훌륭한 TED토크들은 멀티미디어를 적절하게 사용하고, 유머를 더하고, 청중과 즉각적으로 교감하면서, 최대한 압축적으로, 심각한 주제라도 어렵지 않게 전달하고 영감을 제공한다. 18분은 짧은 시간이지만 이 18분에는 오랜 기간의 연구와 고민이 녹아 들어간다.

프레젠테이션의 교과서

애플의 신제품이 출시될 때마다 직접 들고 나와 소개했던 스티브 잡스는 캐주얼하면서도 강력한 프레젠테이션 능력으로 많은 사람들을 사로잡았다. 프레젠테이션의 중요성이 부각되기 시작한 계기였다. 프레젠테이션을 하는 사람은 짧은 시간 안에 효과적으로 정보를 전달하고 듣는 사람을 설득해야 한다. 무엇을 이야기하느냐도 중요하지만, 어떻게 이야기하느냐도 중요하다. 그런 면에서 TED토크들은 프레젠테이션의 모범 사례로 가득 찬 교과서다.

TED토크에서는 일반적인 강연에서는 상상하기 어려운 장면들을 종종 볼 수 있다. 2009년 TED콘퍼런스에 연사로 나선 빌 게이츠 전 마이크로소프트 사 회장은 '모기와 말라리아, 교육'을 주제

로 한 토크를 들려줬다. 마이크로소프트 경영에서 손을 뗀 뒤 사회
사업에 열정을 쏟고 있는 빌 게이츠는 이 토크에서 말라리아가 아프
리카 사람들에게 얼마나 치명적인 질병인지 설명하고 말라리아 퇴치
에 함께 나서자고 강조했다.[28]

"1년에 100만 명이나 되는 목숨을 앗아가는데도 말라리아의 위
험은 과소평가되고 있습니다. 2억 명 이상이 살면서 한 번쯤은
말라리아로 고통을 받습니다. …… 말라리아는 모기가 옮기는 병
입니다. 여기 제가 모기를 좀 데리고 왔습니다. (테이블 위에 놓여
있던 유리병 뚜껑을 열면서) 여러분도 겪어 보시라고요. 잠깐 여기
서 좀 돌아다니게 풀어놓겠습니다. (객석에서 웃음이 터진다.) 가

난한 사람들만 말라리아로 고생하란 법은 없습니다. (웃음과 함께

박수가 나온다.) 지금 제가 푼 모기들은 깨끗하니 걱정 마세요."

말라리아가 얼마나 무서운 병인지 이야기하다가 실제로 살아

있는 모기를 현장에서 풀어놓다니. 아마 청중 중에는 잠시나마 '저

모기가 나를 물면 어쩌지?' 하고 걱정한 사람들이 많았을 것이다. 빌

게이츠의 돌발 행동은 말라리아의 위험을 그야말로 피부로 느끼도

록 하기 위해 치밀하게 계획된 깜짝쇼였다.

TED 연사들의 프레젠테이션 코치로 활동하고 있는 프레젠

테이션 전문가 낸시 두아르테Nancy Duarte는 자신의 저서 『공명하다

Resonate』에서 청중들이 기억할 만한 극적인 순간Something They'll Always

Remember Moment, 즉 스타 모멘트S.T.A.R moment를 창조해야 메시지가

오래 지속된다고 강조한다. 극적인 연출, 반복적인 음향효과, 눈길을

사로잡는 이미지, 감성적인 스토리텔링, 놀라운 통계 숫자 등이 이런

스타 모멘트를 만들어 낸다. 두아르테는 빌 게이츠의 '모기 풀어놓

기'를 스타 모멘트의 좋은 사례로 제시했다.[29]

스웨덴의 보건학자이자 통계학자인 한스 로슬링Hans Rosling의

TED토크들 역시 스타 모멘트가 빛나는 프레젠테이션의 전형이 될

것이다. 그는 아프리카에서 수십 년 동안 질병을 연구한 의사이기도

하고, 비영리 기관 갭마인더Gapminder를 창립해 혁신적인 무료 통계

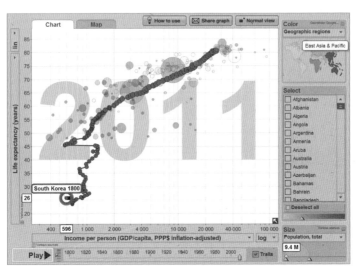

갭마인더에서 시연한 1800년 이후 우리나라 국민의 일인당 소득의 변화. 가파른 상승 곡선을 그리고 있다.

시각화 소프트웨어인 트렌딜라이저Trendalyzer를 개발했다.[30]

트렌딜라이저를 활용하는 그의 TED토크는 따분한 숫자에 그치기 일쑤인 보건과 환경, 경제 통계들과 이 통계에 담긴 의미를 마치 스포츠 중계처럼 흥미진진하게 전달한다. 한스 로슬링의 손에서 "데이터는 노래하고, 트렌드는 생생하게 살아 움직인다. 마침내 큰 그림이 뚜렷이 드러난다."[31]

로슬링은 TED에서 여러 차례 강연했는데 이 방법으로 엄청난 관심을 끌었다. 그는 멀티미디어의 효과를 극대화하고, 유머를 가미한다. 또 청중과 열정적으로 교감한다. 단순히 정보를 전달하는 데 그치지 않고 인식을 바꾸는, 힘이 있는 TED토크다. 그는 한 인터

뷰에서 이런 토크를 위해 호텔방에 틀어박혀 스물다섯 차례나 리허설을 한 적도 있다고 털어놓았다.[32]

로슬링의 모든 TED토크가 인상적이지만, 2007년 TED콘퍼런스에서 했던 강연은 할 말을 잊게 할 정도다. 그는 '빈곤에 대한 새로운 통찰'이라는 제목의 강연에서 아프리카를 비롯한 제3세계는 일반적인 통념과는 달리, 과거 서구(이른바 선진국들)가 보여 줬던 속도보다 훨씬 빠른 속도로 발전하고 있다는 사실을 생생히 움직이는 그래프로 보여 줬다. 그리고 전 세계 빈곤 퇴치가 결코 불가능한 일이 아니라고 강조했다.

> "가장 중요한 메시지는 이겁니다. '불가능하게 보이는 것들도 가능하다!' 우린 좋은 세계를 만들 수 있어요. …… (웃옷을 벗으면서) 제가 문화로 한번 여러분을 설득해 보겠습니다. (웃음과 함께 박수가 터져 나온다.) 제 칼 좀 주세요! (진행 요원으로부터 긴 칼을 받아 들고서) '칼 삼키기'는 고대 인도에서부터 전해 내려왔습니다. 이 문화적 표현은 수천 년 동안 '당연해 보이는 것을 뛰어넘어' 생각할 수 있도록 영감을 불어넣어 줬죠. 이제 제가 불가능해 보이는 것이 가능하다는 것을 증명해 드리겠습니다. 이건 1850년식 스웨덴 총검입니다. 스웨덴이 마지막으로 전쟁에 참가한 해죠. 이건 다 무쇠입니다. (칼을 망치로 두드려 소리를 내면서) 들리시죠? 이제 전 이 칼을 제 피와 살 속으로 밀어 넣어서,

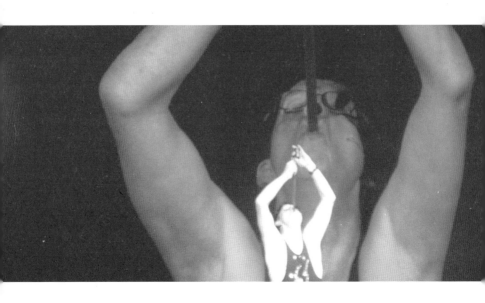

불가능해 보이는 것도 가능하다는 것을 보여드리겠습니다. 자,
모두들 조용히 해 주시겠습니까?"

이후 로슬링이 한 행동을 상상할 수 있을 것이다. 눈을 의심하
게 하는 놀라운 광경이 펼쳐진다. 그는 말 그대로 칼을 삼킴으로써,
'불가능해 보이는 것도 가능하다.'는 메시지를 온몸으로 전달한다.
이 이상 강렬하게 메시지를 전달할 수 있을까. 이 토크를 보는 것 자
체가 압도적인 경험이 된다. 그가 입을 통해 몸에 밀어 넣었던 칼을
다시 꺼내는 것으로 이 토크는 끝난다. 약속이나 한 듯 터져 나온 뜨
거운 기립 박수 역시 충분히 상상할 수 있을 것이다.[33]

TED토크는 즉흥적으로 진행되는 법이 없다. 리허설은 필수다. TED는 원고 내용과 전달 방식을 연사와 미리 조율한다. 극적인 효과를 끌어올리기 위해 프레젠테이션 전문가에게 컨설팅도 받는다. 크리스 앤더슨과 함께 TED콘퍼런스를 진행하는 TED미디어의 준 코언June Cohen은 TED토크가 마치 하이스쿨 뮤지컬처럼[34] 촬영된다고 말한다. TED토크 녹화에는 여러 대의 고화질 카메라가 동원된다. 언제든 필요하면 클로즈업 영상을 촬영해 연사의 몸짓과 표정을 상세하게 보여 줄 수 있다.

TED웹사이트에 올라오는 TED토크 영상은 세심하게 편집된 것이다. 물론 강연 내용 자체를 들어낸다거나 하는 건 아니다. 30초 안에 보는 사람의 주의를 끌 수 있도록, 여러 대의 카메라로 찍은 영상 가운데 가장 효과적인 컷으로 편집하고 헛기침 소리 같은 잡음은 모두 제거한다. 사람들을 열광시키는 18분짜리 프레젠테이션의 힘은 이렇게 극대화된다.

연결하면, 달라진다

TED토크에 열광하는 사람들은 많은 경우 수동적인 소비자에 머무르지 않는다. 버튼 하나 누르는 것만으로 좋아하는 TED토크를 이메일로 친구들에게 전달하거나, 자신의 트위터와 페이스북

계정에 바로 올릴 수 있다. 입이 딱 벌어지는Jaw-Dropping, 설득력 있는Persuasive, 용기 있는Courageous, 천재적인ingenious 등으로 나눠진 TED토크 등급을 직접 매길 수도 있다.

인기 TED토크에는 보통 수백 건의 코멘트가 달린다. 단순히 '좋아요', '멋져요' 수준을 넘어 진지한 장문의 의견이 개진되기도 한다. 전 세계 곳곳에서 남긴 코멘트는 대부분 영어로 돼 있지만, 앞서 소개한 한스 로슬링의 TED토크에는 한국어 코멘트도 있다. 코멘트를 남기려면 TED웹사이트 회원으로 등록하면 된다. 누구나 무료로 등록할 수 있다. TED웹사이트 회원이 되면 자신의 프로필 페이지를 갖게 되고, 다른 회원들과 교류할 수도 있다.

모든 TED토크 동영상 밑에는 TED대화TED conversation를 시작해 보라는 독려의 문구가 뜬다. TED대화는 코멘트를 남기는 것보다 더 적극적인 참여 방식이다. TED웹사이트 회원이기만 하면 누구나 TED대화의 '주최자'가 될 수 있다. 특정 TED토크와 관련해 '실행 아이디어'를 제안하거나, 질문을 하거나, 토론을 시작할 수 있다. 앞서 소개한 한스 로슬링의 TED토크와 관련해, 2013년 2월 1일 현재 '빈곤 문제를 풀기 위해 후진국에서 부패를 어떻게 퇴치할 수 있을까요?'라는 제목의 TED대화가 진행되고 있다. 캐나다의 한 회원이 시작한 이 TED대화에는 호주, 미국, 독일, 나이지리아, 방글라데시 등 다양한 국적의 회원들이 참여했다. 그야말로 글로벌한 토론이다. 부패는 반드시 제3세계 국가만의 문제가 아니라는 의견도, 부패 지수를 매년 발표하는 국제투명성기구를 소개하는 의견도 있다. TED는 아이디어를 공유하는 새로운 플랫폼으로서 TED대화를 강조하고 있다.

TED는 소통과 참여, 연결을 원하는 사람들의 욕구를 충족시킨다. 사람들은 소비만을 위한 미디어에 더 이상 만족하지 않는다. 『많아지면 달라진다Cognitive Surplus』의 저자 클레이 셔키Clay Shirky는 심지어 비디오를 온라인으로 볼 때조차 일반적인 텔레비전 시청 때와는 다른 일이 일어난다고 지적한다. 우리는 비디오를 볼 때 그것을 평가하고, 친구들과 공유하고, 분류하고, 점수나 순위를 매기고, 네트워크로 연결된 다른 사람들과 토론도 한다. 이런 참여는 수동적 소비와는 전혀 다른 활동이다. TED는 바로 이런 '참여'를 극대화하는 새로운 미디어로 기능하고 있는 것이다.

"사람들이 미디어에 바라는 게 단지 전문적인 콘텐츠 제공일까? 연결과 참여를 느끼거나 단지 외로움을 덜 느끼도록 해 주길 원한다면 어떨까? 우리는 그저 소비만 하는 데 그치지 않고 생산도 하고 싶어 했는데 여태 아무도 그런 기회를 주지 않았던 것뿐이라면? '당신도 같이할 수 있다(You can play this game, too)'라는 모토에서 느끼는 즐거움은 단지 어떤 것을 만드는 데에만 있는 게 아니다. 우리는 공유하는 데에서도 즐거움을 느낀다."[35]

이에 TED는 'TED점수TEDCred'라는 시스템을 운영하며 회원들의 능동적 참여를 유도하고 있다. 회원들이 TED커뮤니티에 어떻게 기여했는지 점수를 매겨 표시하는 것이다. TED컨퍼런스 참석뿐 아니라 열린 번역 프로젝트나 TED대화 참여, TEDx 오거나이저 활동 등이 점수로 환산된다. 단순한 '눈팅'에서 벗어나 적극적으로 참여하고 교류하라고 독려한다.

TED의 실험은 계속되고 있다. 2009년 시작된 '열린 번역 프로젝트Open Translation Project'는 전 세계 TED토크 팬들의 적극적인 참여와 공유를 요구하는 번역 사업이다. 번역 봉사를 자청한 이들 덕분에 많은 TED토크에 세계 각국의 언어로 된 자막을 제공할 수 있었다. 가치 있는 아이디어의 확산이라는 TED의 비전을 함께하고 그 작업에 동참하고 있는 것이다.

같은 해 출범한 TEDx는 전 세계 TED 열풍을 더욱 거세게 했다. 이제 세계 곳곳에서 많은 사람들이 TEDx 라이선스를 취득해 TED 스타일의 소규모 콘퍼런스를 열고 있다. TED에 반한 사람들이 '나도 저런 걸 한번 해 보고 싶다.'는 욕구를 TEDx를 통해 충족시키고 있는 것이다(이 TEDx에 대해서는 뒤에서 다시 자세히 다루기로 한다).

TED는 2011년 뉴욕에서 처음으로 일반인들을 대상으로 한 비디오 오디션을 개최했다. 이 오디션에서 선발된 사람들은 2012년

TED콘퍼런스에 연사로 참가하거나, 혹은 자신의 강연을 녹화한 비디오를 TED토크로 TED웹사이트에 올릴 자격을 얻었다. TED는 2013년 TED콘퍼런스 연사의 절반 정도를 전 세계 14개 도시에서 오디션을 통해 뽑은 사람들로 채웠다. 서울에서도 2012년 5월 23일 오디션이 치러졌다. 세계 각국에서 새로운 피를 수혈하고 TED 정신을 확산하려는 야심 찬 프로젝트다. 이러니 어찌 TED에 열광하지 않을 수 있겠는가. 당신도 같이할 수 있다!You can play this game, too!

TED 피플 2   가상 합창단 지휘자, 에릭 휘태커

에릭 휘태커Eric Whitacre는 미국의 유명 작곡가이자 지휘자이다. 그는 필하모니아 오케스트라, 베를린 방송합창단 등 정상급 연주 단체와 함께 작업해 왔다. 뮤지컬 「실락원paradise lost」으로 미국 작곡작사출판인협회의 해럴드 앨런 상과 함께 유명한 작곡가에게 주어지는 리처드 로저스 상을 받았으며, 2012년 그래미상을 수상했다.

그는 세계 곳곳에 흩어져 있는 사람들을 온라인으로 모아 조직한 '가상 합창단Virtual Choir' 프로젝트로도 유명세를 탔다. 가상 합창단이 만들어지는 과정은 이렇다. 먼저 유튜브에 지휘 영상을 올리고 각 파트의 음악을 사람들이 내려 받을 수 있게 한다. 그러면 네티즌들은 유튜브 영상 속의 지휘에 따라 직접 노래를 부르고 그 영상을 다시 유튜브에 업로드한다. 이 영상을 모아 가상 합창단을 완성한다.

가상 합창단 1.0에는 12개국에서 185명이 참여해 그의 곡 「빛과 금Lux Arumque」을 불렀다.[36] 가상 합창단 2.0에는 무려 58개국에서 2052명이 참여했다.[37] 세계 네티즌들의 적극적인 참여와 연결, 공유를 이끌어 냈다는 점에서 휘태커의 가상 합창단 프로젝트는 TED와 굉장히 닮았다.

그는 2010년 TED콘퍼런스에서 가상 합창단 프로젝트를 소개해 기립 박수를 받았고, 그해 5월 '코넥티드connected'를 주제로 열린 서울디지털포럼[38]에서도 강연했다. 2009년과 2010년 서울디지털포럼 프로그램 디렉터를 맡았던 나는 에릭 휘태커의 TED토크에 반해 그를 서울디지털포럼 연사로 추천했다. 다음 인터뷰는 2011년 5월 서울디지털포럼에서 이뤄진 것이다.

맨 처음 가상 합창단을 시작하게 된 계기는 뭔가요?

한 소녀가 제 곡을 노래하는 모습을 촬영해 유튜브에 올린 것을 봤어요. 정말 감동적이었죠. 그 영상에서 영감을 얻었어요. 세계 각지에서 사람들이 각자의 성부를 부르는 영상을 올리면 이걸 합쳐서 가상 합창단을 만들 수 있겠다, 생각하게 됐어요. 처음엔 합창에 특별한 관심이 있는 괴짜들만 참여할 거라고 짐작했는데, 반응이 폭발적이어서 저도 놀랐어요.

먼저 당신이 지휘하는 모습을 영상을 유튜브에 올려서 사람들이 이 지휘에 따라 노래 부르도록 했는데, 앞에 아무도 없이 지휘하는 일이 쉽지 않았겠어요.

하하, 정말 그랬어요. 제 앞에 아무도 없고 아무런 반응도 없는데, 혼자 팔을 휘젓고 있자니 굉장히 어색했죠. 그래도 곧 익숙해질

수 있었어요.

사람들이 왜 가상 합창단에 열광했다고 생각하시나요?

합창에 참여하는 사람들은 개인을 넘어선 커다란 무엇인가에 소속된 느낌, 많은 사람들과 비전을 함께하는 경험을 하게 되지요. 가상 합창단 역시 마찬가지예요. 합창이 전통적인 콘서트홀에서 열린 것은 아니지만, 기술을 이용해서 비슷한 경험을 하게 되는 거지요. 가상 합창단원들이 자신의 노래를 담은 영상을 올리는 것은, 각자의 고독한 섬에서 메시지를 담은 병을 띄워 보내는 것과 같아요. 다른 사람들과 관계를 맺고 싶은 욕망을 충족하는 거죠.

가상 합창단원들의 교류는 가상에 그치는 것 아닌가요? 실질적인
교류가 이뤄지나요?

합창단원들에게 이 프로젝트는 결코 가상이 아니라 실제 경험
입니다. 이 프로젝트를 마치고 나면 참여했던 사람들은 마치 가족처
럼 친밀해지지요. 참가자끼리 작은 모임을 조직하기도 하고, 암 투병
중인 사람을 돕기도 했어요. 데이트를 시작한 사람들도 있답니다!

가상 합창단에 한국인도 참여했나요?

그럼요, 가상 합창단 2.0에 세 명이 지원했어요. 가상 합창단
3.0[39]에는 좀 더 많아지리라 기대해요. 당신도 참여해 봐요. 어렵지
않아요!

당신의 TED토크 덕분에 가상 합창단에 대해 처음 알게 됐어요.
TED에 직접 참가해 보니 어떻던가요?

대단했어요! 정말 멋진 사람들이 많이 모였더군요. 여러 분야
의 쟁쟁한 사람들을 한자리에서 만날 수 있어서 좋았어요.

강연료도 많이 받았나요?

아, 강연료는 전혀 안 줘요. 다만 숙박비와 여비는 TED에서 부담하죠. 그런데 저는 롱비치 근처에 살아서 그 혜택도 제대로 못 받았습니다, 하하.

3장
TED콘퍼런스에 가다!

나는 TED콘퍼런스를 세 차례 만났다. 2010년에는 롱비치에서 열린 TED콘퍼런스를 직접 가서 볼 수 있었다. 한국 언론사 최초로 TED콘퍼런스에 언론사 자격으로 공식 초청받은 것이다. 2011년과 2012년에는 개인적인 관심 때문에 라이브 웹캐스트로 콘퍼런스를 지켜보았다.

내가 TED 2010에 참가하게 된 것은 행운이었다. 나는 당시 보도본부 내에서 SBS 서울디지털포럼을 기획하는 부서인 미래부에서 일하고 있었다. TED는 서울디지털포럼 기획팀이 항상 벤치마킹하고 싶어 하는 콘퍼런스였다. 우리는 TED웹사이트에 올려진 TED토크를 참고해 서울디지털포럼 연사를 섭외하기도 했다.

우리는 몇 년째 TED콘퍼런스 측에 SBS를 언론사로 초청해 달라고 요청해 왔는데, 2010년 드디어 이 요청이 받아들여져 언론사 티켓을 얻게 되었다. 몇 년간 꾸준히 TED 측과 접촉해 왔고, 서울디지털포럼에 참가했던 TED 연사들이 SBS에 대해 우호적인 얘기를 전해 준 것도 도움이 되었던 것 같다.

TED는 잘 짜인 '공연'

일단 TED콘퍼런스가 어떻게 진행되는지 살펴보도록 하자. TED는 매년 2월 마지막 주에 닷새 동안 열린다.(내가 참가했던 2010년에는 2월 둘째 주에 열렸다.) 첫날은 개막 전야다. 이날은 본 세션은 없이 오후부터 'TED U'로 불리는 'TED대학TED University' 세션이 시작됐고, 환영 파티가 열렸다. TED대학은 나중에 다시 설명하겠지만 TED토크 연사가 아니라 청중이 자신의 이야기를 할 수 있는 프로그램이다.

둘째 날이 본격적인 개막일이다. 아침 일찍 TED대학 세션을 배치하고, 11시에 첫 세션을 시작했다. 메인 세션은 폐막일 오전까지 나흘간 열두 개로 구성되었다. 한 세션은 1시간 45분 동안 진행된다. 세션과 세션 사이 휴식 시간은 길게는 1시간으로 넉넉하게 잡

왔다. 점심시간은 1시간 30분에 이른다. 참가자들 간의 '사교'에 충분한 시간을 쓸 수 있도록 한 것이다.

TED콘퍼런스는 굉장히 광범위하고 보편적인 주제를 내세운다. 2010년에는 '지금 세상에 필요한 것What the world needs now', 2011년에는 '경이의 재발견The rediscovery of wonder', 2012년에는 '풀 스펙트럼Full spectrum'이었다. 각 세션의 소주제는 대주제에 맞춰 단순한 단어로 정한다. 내가 참관했던 2010년의 경우는 첫 번째 '사고의 전환Mindshift' 세션에서 시작해 열두 번째 '지혜Wisdom' 세션으로 끝났다.

각 세션에는 보통 4~5명(혹은 팀)의 메인 연사가 등장해 18분의 TED토크를 한다. 주제는 정말 다양하다. '사고의 전환' 세션의 예를 들자면, 행동경제학의 아버지로 불리는 2002년 노벨 경제학상 수상자 대니얼 카너먼Daniel Kahneman에 이어, 이 콘퍼런스 이후 영국 총리가 된 데이비드 캐머런의 강연이 '예고 없이' 위성 생중계로 펼쳐졌고, 이후 우쿨렐레 연주가 제이크 시마부쿠로Jake Shimabukuro, 개발경제학자 에스더 듀플로Esther Duflo,『왜 사람들은 이상한 것을 믿는가Why People Believe Weird Things』의 저자인 마이클 셔머Michael Shermer가 차례로 나왔다.[40]

세션 중에는 이렇게 프로그램에 사전 고지된 메인 연사 외에 3분, 6분, 9분의 짧은 토크를 하는 연사들도 등장한다. 이들의 토크는 '딸아이에게 어떻게 성교육을 시키는가', 혹은 '동네 신호등 체계를 어떻게 바꿔야 에너지를 절약할 수 있나.' 등의 작은 이야기를 다루는 경우가 많다. 그렇지만 이렇게 짧은 강연들이 메인 연사들의 TED토크보다 흥미로운 경우도 많았다.

세션은 TED토크만으로 구성되지는 않는다. TED콘퍼런스를 웹캐스트로 지켜보고 있는 사람들을 라이브로 연결해서 비춰 주기도 하고, 짧지만 인상적인 비디오 클립을 상영하기도 한다. 크리스 앤더슨이나 준 코언, 혹은 게스트 큐레이터가 각 세션의 사회를 맡아 진행하는데, 필요에 따라 TED토크를 마친 연사에게 추가 질문을 던지기도 하고, 청중 가운데 희망자에게 즉석 토론의 장을 마련해 주기도 한다. 지루할 틈이 별로 없다.

TED 중 가운데 글자가 '엔터테인먼트Entertainment'인 데서도 드러나지만, TED의 연사들 가운데는 문화계에 종사하는 사람들, 예술가들이 많다. 예술가들은 공연으로 이야기한다. 이들은 공연이 곧 TED토크가 된다. 현악 4중주단의 연주와 가수의 노래, 무용단의 파워 넘치는 춤 공연, 배우의 연극 시연, 시인의 시 낭송······ 다양한 장르의 라이브 공연들이 하루에도 몇 번씩 펼쳐진다. 바비 맥퍼린Bobby McFerrin과 제이슨 므라즈Jason Mraz 같은 유명 가수들이 TED토크 연사로 출연한다.

TED는 음악에 굉장히 신경을 많이 쓴다. 음악 감독이 따로 있어서 콘퍼런스에서 연주되는 곡을 세심하게 고른다. 또 매년 새로운 하우스 밴드(상주 연주팀)를 둔다. 이들은 주요 세션의 시작을 알리는 연주를 하고, 다른 예술가들의 세션에서 함께 공연하기도 한다.

리허설도 여러 차례 한다. 이렇게 준비된 공연이니, '나는 TED에 음악 들으러 간다.'는 말이 나올 정도다.

나는 웹사이트를 통해 TED를 접하면서, 18분간의 단독 연설로 청중을 확 사로잡아 버리는 TED토크들이 마치 '공연' 같다는 생각을 했다. 대본과 동선 연출, 소도구를 비롯해 무대 장치까지 미리 완벽하게 조율된 한 편의 공연 말이다. 실제로 가 보니 그런 인상이 더욱 강해졌다. 말 그대로 진짜 공연도 여러 차례 볼 수 있었을 뿐 아니라, TED라는 콘퍼런스 그 자체가 세심하게 연출된 공연 같았다. 마침 TED콘퍼런스가 열리는 곳이 롱비치공연예술센터이니, 바로 공연장 아닌가.

이 '공연'은 동시에 여러 대의 카메라로 촬영되고, 촬영 화면은 극적인 효과를 가장 잘 살릴 수 있도록 편집돼 웹사이트에 오른다. 그러고 보면 TED콘퍼런스 현장은 웹사이트에 올릴 TED토크를 녹화하기 위한 방송 스튜디오 같다는 느낌도 든다. 방청객으로 가득한 객석, 화려한 무대 장치와 조명, 잘 짜인 대본과 훌륭한 출연진이 있는.

그럼에도 불구하고, 너무나 당연한 말이지만, TED콘퍼런스를 참관하는 것과 TED토크를 보는 것은 같지 않다. 만약 누군가가 웹사이트에서 특정 연도의 TED콘퍼런스에서 선보였던 TED토크를 하나도 남김없이 찾아본다 해도, 직접 그해의 TED콘퍼런스에 참가하는 것과는 질적으로 다른 일이다. 다양한 주제의 TED토크들을 일주일이라는 짧은 기간 내에 집중적으로 접할 수 있다는 점, 그리고 무엇보다도 콘퍼런스에서 '사람을 만난다.'는 점이 큰 차이를 만든다.

프레스 프렌들리? NO!

나는 TED콘퍼런스 참가 출장을 준비하면서 TED콘퍼런스가 언론 홍보에 그다지 신경을 쓰지 않는다는 것을 알게 되었다. 특히 방송에서는 TED 관련 보도를 찾아볼 수가 없었다. 인터넷으로 TED를 검색해 보면 CNN 창립자인 테드 터너^{Ted Turner} 관련 기사가 잔뜩 떴다. 알고 보니 TED는 2010년 이전에는 방송사 기자를 언론인으로 초청한 적이 없었다.

내가 참가했던 2010년의 경우, TED에 초청받은 언론사는 단 20개사에 불과했다. 방송국은 미국 내에서는 CNN과 ABC, 해외에선 우리 SBS가 다였다. 다른 언론사도 《뉴욕 타임스^{New York Times}》 같은 일간지보다는 전문지나 인터넷 매체가 많았다. 그런데 방송 취재를 이때 처음 허용해서인지 촬영에 여러 가지 제약이 많았다.

연사 인터뷰는 사전에 홍보 담당자와 조율된 경우, 그것도 프레스룸에서만 진행할 수 있었다. 더욱 당황스러운 것은 카메라는 절대 프레스룸을 벗어날 수 없다는 것이었다. 홍보 책임자는 인터뷰

촬영은 프레스룸에서 하고, TED토크 영상은 웹사이트에서 다운받아 쓰라고 했다. 이래서야 방송 뉴스를 제대로 만들 수 있을지 걱정이었다.

나는 출장 동행이었던 후배 이정애 기자와 취재와 촬영을 번갈아 했다. TED 측에서는 콘퍼런스 중반이 넘어가서야 행사장 로비와 바깥 풍경을 짧은 시간이나마 촬영할 수 있도록 해 줬는데, 홍보 담당 직원이 촬영 내내 우리를 따라다니면서 클로즈업을 하지 말라고 주의를 줬다.

사실 TED 홍보 책임자는 콘퍼런스가 시작되기 전 이메일을 주고받을 때부터, 틈만 나면 'TED 참가자들은 언론에 얼굴 나고 싶어 안달 난 사람들이 아니다. 귀중한 시간을 내서 즐기러 온 사람들이다. 이들을 방해하면 안 된다.'는 이야기를 반복해 왔다. 나는 콘퍼런스 현장에 가서야 이 얘기가 무슨 뜻이었는지 확실히 알게 되었다.

TED콘퍼런스는 먼 나라 한국에서 온 나도 얼굴을 알아볼 만한 인사들로 즐비했다. 앨 고어가 점퍼에 청바지 차림으로 돌아다니는가 하면, 빌 게이츠가 참가자들에 둘러싸여 이야기를 나누는 장면도 보였다. 구글의 창립자 세르게이 브린이 로비에서 음료수를 마시고, 배우 캐머런 디애즈나 제임스 캐머런 감독 등 할리우드 유명인사들도 일상복 차림으로 행사장을 누볐다. 양복에 넥타이를 맨 사람은 한 명도 없었다. 캐주얼하고 편안하게, 누구나 즉석에서 어울려 이야기를 나누는 분위기였다. 이런 분위기에 카메라를 들이댄다면 어느 참가자들이 좋아하겠는가.

톱 텐을 소개받다

행사가 열리는 롱비치에 도착했을 때 나는 온 도시가 TED의 열기로 떠들썩할 거라고 생각했지만 그건 아니었다. 행사장 주변에 TED 개최를 알리는 배너가 펄럭이고 있었고 TED 참가자 이름표를 단 사람들이 오가고 있기는 했지만, 도시는 차분했다. 이 도시에 사는 평범한 시민들은 TED콘퍼런스가 뭔지 잘 모르는 것 같았다. 심지어 행사장 앞 거리에서 마주친 한 현지인이 내가 TED 참가자 이름표를 달고 있는 걸 보고 나에게 도대체 TED가 뭐냐고 물어 왔을 정도니까.

TED콘퍼런스는 이렇게 외부에 대해서는 굉장히 폐쇄적인 커뮤니티다. 밖에서는 이곳에서 무슨 일이 벌어지는지 잘 모른다. 그리고 들어가기가 굉장히 어렵다. 7500달러나 하는 참가비도 굉장히 비싸지만(여기엔 숙박비나 식비, 교통비는 포함되지 않는다. 세션이 진행되는 동안 로비에서 점심, 스낵과 음료수를 무료로 제공하기는 한다.) 돈을 낸다고 해서 다 참가할 수 있는 것도 아니다. 내가 왜 TED콘퍼런스에 참가해야 하는지 지원서에 자세히 적어 내고, 추천인들도 써넣고 사무국의 심사를 통과해야 비로소 '7500달러를 내고 TED에 참가할 수 있는 자격'을 얻게 된다.

　이렇게 TED의 벽은 높다. 콧대 높은 엘리트 커뮤니티라 해도 과언이 아니다. 하지만 일단 이 커뮤니티 내부로 들어가면 그때부터는 굉장히 개방돼 있다는 느낌을 준다. TED콘퍼런스에서는 처음 보는 사람들끼리도 이야기를 주고받는 게 이상하지 않다. 연사도, 청중도, 모두 똑같은 참가자다. '나는 당신을 잘 모르지만, 이렇게 까다롭게 참가자를 고르는 TED콘퍼런스에 올 정도면 당신과 교류해도 될 것 같습니다.'라는 묵계가 있는 것처럼.

　TED는 사람들의 만남을 더 활성화하기 위한 여러 가지 장치들도 마련하고 있었다. TED웹사이트의 프로필에는 기본적인 인적 사항은 물론이고, 저서, 홈페이지, 전문 분야와 관심 분야, 개인적 취향까지 아주 자세하게 적도록 되어 있다. 내가 TED 참가를 준비하며 이 프로필을 작성하고 등록을 마치자 곧 아주 중요한 절차라는 설명과 함께 '참가자 이름표를 작성하라.'는 연락이 날아왔다.

　참가자 이름표에는 큰 사진과 함께 이름과 소속을 표기하는 칸이 있다. 그런데 가장 중요한 건 그 아래에 있는 '내게 ~에 대해 이야기해 주세요.Talk to me about~'라는 항목이다. 여기에는 내가 관심 있는 분야, 남들과 이야기를 나누고 싶은 분야를 세 가지로 적게 되어 있다. 이름표만 봐도 상대방의 이름과 소속, 관심 분야까지 한눈에 알아보고 쉽게 대화를 시작할 수 있게 한 것이다.

　그런데 TED 커뮤니티의 진면목은 출장을 떠나기 며칠 전에 알 수 있었다. 나는 TED로부터 '당신의 TED 톱 텐Your TED top ten'이라는 정보가 들어 있는 이메일을 받았다. 열어 보았더니, 다른 참가자 열 명의 사진과 이름이 나타났다. TED의 '비밀 알고리즘'으로 내가 TED에 가서 만나 볼 만한 사람들을 열 명까지 추천해 주는 것이라 했다.

내 TED 톱 텐의 면면은 다양했는데, 나와 비슷한 언론계 종사자도 있었고 마술사도 있었다. 왜 마술사일까 궁금했는데 프로필을 봤더니 몇 년 전 내가 근무하는 SBS에 출연한 적이 있는 사람이었다. 아마도 TED의 알고리즘은 프로필에 써 놓은 정보를 바탕으로 공통점이 있는 사람들을 엮어 주는 게 아닐까 짐작했다.

이후 TED콘퍼런스 개막 전까지 나는 모르는 사람들로부터 이메일을 여러 통 받기 시작했다. 나에게 '당신이 내 톱 텐이에요!You are my TED top ten!'이라는 제목의 메일을 보낸 한 여성은 자신이 어느 호텔에 묵고 있으니 그 호텔의 TED 환영 파티에서 만나자고 제의해 왔다. 또 다른 참가자는 자신의 TED 톱 텐을 모아 콘퍼런스 기간 중에 저녁 식사를 함께하고 싶으니 참석 가능한지 알려 달라는 메일을 보내왔다. 일면식도 없었던 외국 사람들이 'TED가 맺어 준 인연'이라며 나에게 만나자고 하는 것이었다.

인터뷰 제안도 들어왔다. 그해 최연소 연사로 출연했던 아도라 스비탁의 어머니는 참가자 프로필을 통해 내가 기자라는 사실을 알았다며, 딸을 인터뷰하는 데 관심이 있으면 연락해 달라고 메일을 보

내왔다. 인터뷰를 하지는 않았지만, 실제로 보니 스비탁의 TED토크는 상당히 인상적이었다.[41]

TED에 참가하기 위해 한국을 떠나기 직전 받았던 메일 한 통은 제목과 발신자 성명만으로도 내게 깊은 인상을 남겼다. '개인적으로 초대합니다.Personal invitation'라는 제목의 이메일 발신자는 무려 앨 고어였다. TED콘퍼런스 진행 중 조찬 모임을 열 예정이니 참석해 달라는 것이었다.

많이 알려졌다시피 앨 고어는 기후 변화와 환경 문제를 다룬 『불편한 진실An Inconvenient Truth』의 초고를 TED에서 발표한 바 있다. 앨 고어는 자신이 주최하는 조찬 모임에서 TED콘퍼런스 참가자들에게, 탄소에 값을 매기는 법안의 처리 문제를 이야기하려는 것이었다. 물론 앨 고어가 나를 개인적으로 알고 초청한 것은 아니지만, 그로부터 초청장을 받으면서 TED콘퍼런스가 어떤 곳인지 조금씩 실감하게 되었다.

TED의 커뮤니티 기능은 여기에 그치지 않는다. TED콘퍼런스 참가자들은 다른 참가자들의 면면을 웹사이트에서 확인할 수 있다. 전체를 한꺼번에 볼 수도 있고, 관심 있는 분야별로 나눠 볼 수도 있다. 참가자들끼리는 바로 연락할 수 있는데, TED는 이때 이메일 주소를 모두 암호화해서 개인 이메일 주소는 공개되지 않도록 하는 서비스를 제공한다. 사적인 연락처를 공개하지 않으면서도 TED웹사이트를 통해 언제든 연락이 가능하게 하는 것이다. 나는 이 기능을 이용해 TED 참가자들 중 서울디지털포럼에도 연사로 참가했던 사람들에게 안부 메일을 보냈고, 현지에서 만나기도 했다.

TED 버진, 파티에 가다

"수현! TED 버진이죠?"

TED콘퍼런스 현장에서 처음 대면한 TED 홍보 담당자는 나를 'TED 버진^{TED Virgin}'이라고 불렀다. 과거에 TED 참가 경험이 없는 사람을 이르는 말인 듯했다. 그는 스스럼없이 나를 다른 언론사 참가자들에게 소개해 줬는데, CNN 기자도 역시 TED 버진이었다. 행사장에서는 테드스터나 TED 버진 같은 말들이 자연스럽게 통용되고 있었다. TED 바깥 사람들은 잘 쓰지 않는 말이었을 것이다.

개막 전야에는 TED콘퍼런스 행사장 주변의 주요 호텔들에서 그 호텔에 묵고 있는 테드스터들이 참석하는 환영 파티가 열렸다. 칵테일 한 잔 들고 돌아다니며 회의 참석자들과 얼굴을 익히는 것이다. 나는 이런 파티가 익숙지 않아 처음엔 어색했지만 곧 다양한 직업을 가진 참가자들과 이야기를 나눌 수 있었다. 난생처음 만난 사람들과 북한 체제가 얼마나 갈 것인가를 토론했고, 한국 프로듀서가 제작에 참여한 뮤지컬 「드림 걸스」가 어떤 작품인가를 이야기했다.

TED의 창립자 리처드 솔 워먼은 처음부터 TED콘퍼런스가 파티가 되기를 원했다고 하더니, 아닌 게 아니라 지금도 TED 자체가 거대한 파티나 다름없었다. 콘퍼런스 행사장에 들어서자 그런 분위기가 물씬 느껴졌다. 근엄한 학술회의가 아니었다. 내가 기획했던 서울디지털포럼만 해도 정장 차림의 참석자들이 대다수였지만, 이곳은 달랐다. 많은 사람들이 친구들과 함께 휴가를 즐기러 온 듯한 휴양지 분위기였다.

이런 분위기이니 TED에는 이른바 의전이라는 게 없다. 한국의 대형 콘퍼런스 기획자들은 VIP 참가자들을 위한 의전에 신경을 써야 하는 경우가 많다. 하지만 TED콘퍼런스 행사장에는 따로 VIP석이 마련돼 있지 않았다. 객석 몇 줄을 후원자석으로 지정해 놓기는 했지만, 가장 좋은 자리는 아니었다. 참가자들은 각 세션마다 빈자리가 나는 대로 흩어져 앉는 분위기였다. 하루 종일 같은 자리에 앉는 것도 아니다.

행사장 로비와 외부 곳곳에는 후원 기업의 부스가 마련돼 있었는데, 참가자들은 콘퍼런스가 진행되는 극장 안에 들어가지 않고서도 이런 부스 주변에 마련된 벤치나 소파에 자유롭게 앉아 모니터로 중계되는 콘퍼런스 실황을 지켜봤다. 심지어 누워서 천장에 설치된 모니터를 볼 수 있게 한 자리도 있었다. 역시 후원 기업이 설치한 듯한 로비의 바는 간단한 스낵과 음료수를 무료로 마음껏 즐길 수 있게 돼 있었다.

후원 기업들은 참가자들에게 다양한 기념품을 제공하기도 한다. 2010년에는 모든 참가자들에게 운동화와 가방, 우산 등의 작은 기념품을 나누어 주었다. 그리고 세션에 참가했던 구글의 창립자 세르게이 브린이 '통 크게도' 당시 새로 출시됐던 구글 넥서스폰을 모든 참가자들에게 선물하겠다고 발표했다. 덕분에 나는 얼리 어답터는 아니지만, 당시 한국에서는 몇 명 안 되는 넥서스폰 사용자가 될 수 있었다.

TED는 매일 저녁 참가자들을 몇몇 그룹으로 나눠 파티를 주최했다. TED가 주최하는 파티 외에 참가자들이 개별적으로 여는 모임들도 많았다. 나는 기사를 쓰고, 취재 화면을 정리하고, 회사와 연락해야 했기 때문에 이런 모임에 다 가 보지는 못했지만, 바로 이런 네트워킹이 TED콘퍼런스에 사람들이 참석하는 중요한 이유라는 생각이 들었다.

나는 앨 고어가 주최한 조찬 모임에 참석해 이를 실감할 수 있었다. 같은 테이블에 앉았던 참석자들과 자연스럽게 이야기를 나눌 수 있었는데, 이들 중에는 바로 전날 콘퍼런스에서 강연했던 작가도 있었고, 과거에 연단에 섰던 과학자도 있었다. 또 TED콘퍼런스에 여러 차례 참가했다는 구글의 엔지니어도 만났다.

처음 만난 사람들이지만 대화는 화기애애하게 진행됐다. 과거 연사였던 과학자에게 물었더니 아무리 과거 연사였다 해도 콘퍼런스에 새로 참석하려면 다른 사람들과 똑같이 참가비를 내야 한단다. 왜 TED콘퍼런스에 참석하느냐고 했더니, 그는 너무나 당연하다는 말투로 "여기 와야 사람들을 만날 수 있잖아요." 했다.

앨 고어는 짧은 연설을 통해 탄소 배출을 줄이기 위해, 탄소에 값을 매기는 법안이 의회를 통과할 수 있도록 협조해 달라고 거듭 강조했다. "여기 모인 여러분들은 미국을 움직일 수 있는 사람들입니다. 여러분이 마음을 모으면 변화를 가져올 수 있습니다."라고 하면서. 연설이 끝나자 많은 사람들이 스스럼없이 앨 고어에게 다가가 질문을 던졌다.

공식 모임 외에도 각종 소모임들이 끊임없이 열린다. 점심시간에 'TED의 여성들'이라는 이름으로 열린 번개 모임에 참석해 봤다. 내가 자신의 'TED 톱 텐'이라며 만나자고 연락해 왔던 참가자를 여기서 만날 수 있었다. 영국 출신의 홍보 마케팅 전문가로 뉴욕에 오래 거주한 그녀는 새로운 방식의 여성운동을 펼치고 있었다. 이 모임에서는 각국에서 온 여성 참가자들이 스스럼없이 바닥에 주저앉아 스낵을 나눠 먹으며 남자들 흉도 보면서 말 그대로 수다를 떨었다.

TED는 콘퍼런스 기간 내내 저녁마다 파티를 주최하지만, 하루 저녁만큼은 '당신만의 파티를 만들어 보라.'며 비워놓았다. 나는 초청 메일을 받았던 'TED 톱 텐'의 저녁 식사에 참가했다. 생판 모르는 사람들을 만나서 뭘 할까 걱정도 되었지만, 막상 가 보니 그건 기우였다. 스탠퍼드대의 소셜 이노베이션 센터에서 근무하는 사람과 교육 운동가가 함께 주관한 만찬이었다. (물론 음식 값은 더치페이로 했다.)

참석자 중에는 동남아 등지에서 공정 무역 사업을 하는 여성도 있었고, 디자인 전문지에서 일하는 작가도 한 명 있었다. 다보스 포럼에 참석했던 얘기를 꺼낸 사업가도 있었는데, 짐 프룩터먼Jim Fruchterman이라는 이 사업가는 나중에 알고 보니 유명한 미국의 사회적 기업인 베네테크Benetech의 창립자였다. 베네테크는 시각장애인을 위한 웹 도서관인 북셰어Bookshare, 분쟁 지역의 학살이나 폭력 등 인권 침해 사례를 널리 알릴 수 있게 한 소프트웨어 마터스Martus 등을 개발한 비영리 기업이다.[42]

참석자들은 나와 함께 갔던 이정애 기자를 제외하고는 모두 미국인이었다. 대부분 초면인 데다 각각 다른 분야에서 일하는 사람들이지만, 이야깃거리가 떨어질 염려는 없었다. 진행 중인 콘퍼런스와 TED토크를 화제로 삼으면 됐으니까. 올해는 어떤 토크가 인상적이었고, 어떤 토크는 기대에 미치지 못했고 등등 품평을 하면서 대화를 이어 갔다.

그렇다고 무조건 TED를 숭배하는 분위기만은 아니었다. 이들 중 한 사람이 TED가 지나치게 미국 중심적이며 여성 연사가 적다는 게 문제라고 이야기하자 대체로 동의하는 분위기였다. 또 크리스 앤더슨 이전의 TED에 참석했던 경험이 있는 사람들은 예전에 비해 규모가 너무 커져서 가족적이고 오붓한 분위기가 덜하다며 아쉬움을 표시했다.

이들은 그럼에도 불구하고 TED에 참석하는 것은 큰 의미를 지닌다고 했다. 1년에 한 번 일주일간 집중적으로 지적 충격을 맛보고, 새로운 사람들을 만나고, 새로운 영감을 얻어 가는 특별한 휴가라고나 할까. 기자로 참가했던 나는 이들과는 처지가 달랐지만, 역시 TED콘퍼런스를 직접 느껴 보니 예전과는 세상이 달리 보이는 느낌이었다.

TED콘퍼런스의 하드웨어 자체는 다른 콘퍼런스보다 크게 뛰어나다고 할 수 없다. 행사장 안팎의 인테리어나 협찬 업체 홍보 부스, 전시 같은 것들은 오히려 한국에 못 미친다는 느낌이 들 때가 많았다. 한국에도 행사장을 화려하게 꾸미고 시대를 앞서가는 첨단 기술을 전시하는 포럼들이 많으니까.

다만 행사장에 서점이 있는 건 참고할 만했다. 서울디지털포럼에서 2010년부터 행사장에 서점을 마련한 것은 이를 벤치마킹한 것이다. TED에서는 관심이 가는 연사들의 주요 저서를 콘퍼런스 현장에서 바로 살 수 있게 해 놓았고, 연사들의 도서 사인회도 심심치 않게 열고 있었다. 서점의 존재 자체가 지식 공유라는 콘퍼런스의 한 목적을 잘 구현하고 있을 뿐 아니라, 참가자들이 더 가깝게 만나는 자리도 제공하고 있었다.

TED콘퍼런스에 참가하는 사람들은 행사를 즐긴다기보다는, 사람들과 만나는 것을 즐긴다. TED에 가면 사람들을 만날 수 있다. 그리고 이 만남이 TED콘퍼런스에 직접 참가하는 가장 중요한 목적이라고 해도 과언이 아니다.

TED콘퍼런스 참가자들은 75퍼센트 정도가 미국인이고 나머지가 다른 국적이다. 그해 TED콘퍼런스의 한국인 참가자는 기자로 참가한 나와 이정애 기자 외에는 최두환 KT 사장밖에 없었고, TED펠로 중에 한국계인 에이드리언 홍이 포함돼 있었다. 나중에 알고 보니 TED와 같은 기간 팜스프링스에서 열리는 TED액티브에는 당시 삼성전자 직원이었던 송인혁 씨 등 몇 명이 더 참가하고 있었다. 그래도 한국인 참가자가 예상보다 너무 적다고 생각했다.

TED라이브: 내 방에서 보는 TED콘퍼런스

2010년 TED콘퍼런스를 다녀와서 TED에 푹 빠진 나는 2011년부터는 TED라이브로 TED콘퍼런스 실황을 지켜봤다. TED라이브TED Live는 TED콘퍼런스의 실시간 웹캐스트 서비스를 가리킨다. TED콘퍼런스의 모든 TED토크와 진행 상황을 볼 수 있는 웹캐스트이다. 적당한 속도의 인터넷만 연결돼 있으면 세계 어디서나 TED라이브를 통해 TED콘퍼런스를 실시간으로 즐길 수 있다. TED라이브 멤버십은 1년간 지속되는 것으로, 회비는 개인이나 중·고등학교는 995달러, 대학이나 기업은 2500달러이다.

나는 2011년, TED라이브를 신청하고 일주일 휴가까지 냈다. 내가 정한 'TED주간'이었던 셈이다. 현지에 가는 것보다야 저렴하지만 그래도 적지 않은 돈을 지불했고, 큰 화면으로 보기 위해 42인치 텔레비전을 컴퓨터에 연결해 만반의 준비를 갖췄다. 시차를 감안하면 한국에서는 새벽부터 시작되는 일정이었기 때문에 이 기간 동안에는 일찍 자고 새벽에 혼자 일어나 눈을 비비며 시청했다. (사실은 시차 때문에 실시간으로 보지 못하는 경우에는 몇 시간 지연 중계로 볼 수도 있다. 또 시일이 지난 뒤에도 언제든 아카이브에 저장된 콘퍼런스 실황을 불러낼 수 있다.)

TED콘퍼런스는 TED토크의 총합 이상이다. 그래서 TED라이브는 비록 웹캐스트를 통한 것이지만 TED토크들에 담기지 않는 콘퍼런스 현장의 분위기나 청중의 반응을 생생하게 접할 수 있는 창구다. 에릭 휘태커의 가상 합창단 프로젝트를 소개한 TED토크를 보면서 소름이 돋았다. 집 안 곳곳에 폐쇄 회로 텔레비전을 설치하고 몇 달 동안 가족의 생활을 모조리 녹화해, 갓 태어난 아기가 언어를 습득하는 과정을 분석해 낸 데브 로이Deb Roy의 TED토크 역시 경이로 다가왔다. 의미 없는 옹알이로 들렸던 '가가'가 '워터'가 되는 과정을 지켜보며 뭉클한 감동을 느꼈다. TED콘퍼런스 현장에 직접 가지 않더라도 TED모멘트를 경험하는 게 불가능하지 않다는 것을 깨달았다.

TED라이브는 단순히 TED콘퍼런스 중계를 보는 것에 그치지 않는다. 직접 콘퍼런스에 가서 사람들을 만나는 것과 다르긴 하지만, TED라이브에서도 네트워킹이 이뤄진다. TED라이브 회원들은 1년 동안 지속되는 TED라이브 커뮤니티에 가입하는 것과 같다. TED는 정기적인 메일링 서비스를 통해 새 소식을 전하고, 페이스북과 트위터 등에 TED라이브 회원들을 위한 그룹을 만들어 놓았다. 실제로 전 세계에 흩어진 TED라이브 회원들은 TED콘퍼런스 기간 동안 실시간으로 TED토크를 시청하면서 활발하게 의견을 나눴다.

TED라이브는 일종의 북 클럽이기도 하다. 2011년까지는 TED라이브 회원들에게 TED에서 선정한 책들을 거의 한 달에 한 권꼴로 보내 줬다. TED 연사들의 책도 있고, 그때그때 이슈가 되는 책들을 골라 보내 주는 경우도 있다. 아름다운 삽화로 가득 찬 『그림 동화집』도 발송되었다. 나는 TED에서 소포를 받을 때마다 이번엔 무슨 책일까 기대하곤 했다. 2012년부터는 TED라이브 회원들에게 아마존 킨들과 함께 TED에서 직접 발간하는 TED북스TED books를 매달 한 권씩 골라 보내 주고 있다.[43] TED는 또 2012년부터 TED라이브 멤버십 가입자에게 TED콘퍼런스뿐 아니라 여름에 영국 에든버러에서 열리는 TED글로벌 콘퍼런스의 실황 중계까지 제공하고 있다. 2013년도 회원들에게는 아이패드 미니를 제공한다.

TED 피플 3 　혁신을 꿈꾸는 테드스터, 최두환

최두환 KT 사장(당시)을 2010년 TED콘퍼런스에서 만났다. 최두환 사장은
1979년 한국전자통신연구소ETRI에서 국내 최초로 광전송 기술을 개발한 엔
지니어로 미국 벨연구소와 KT의 연구원 등을 거쳐 1998년 통신 장비 제조
업체 네오웨이브를 창업한 벤처 1세대이기도 하다. 2007년부터는 KT에서
신사업부문장, 종합기술원장 등으로 재직하며 KT의 신사업과 관련된 기술
개발을 총괄했다. 정보통신 분야에서 손꼽히는 전문 경영인이다.

최두환 사장은 2006년부터 TED콘퍼런스에 참가해 왔다. 한국 국적으로
는 최초·최다 참가자일 것이다. 나는 2010년 TED콘퍼런스에 언론사로 참
가하는 게 확정되자마자 유일한 한국인 참가자인 최두환 사장과 연락을 취해
콘퍼런스에서 만나기로 했다. 편안한 캐주얼 복장에 야구 모자를 쓰고 나타
난 그에게선 사장님의 느낌이 별로 없었다. 다음 인터뷰는 2010년 TED콘
퍼런스 현장에서 이뤄졌다.

TED 콘퍼런스에 어떻게 참가하게 됐나?

TED는 테크놀로지Technology, 엔터테인먼트Entertainment, 디자인Design의 약자다. 단순한 기술 콘퍼런스에 그치지 않고 기술과 디자인, 사회를 함께 보려는 것이 TED의 취지였다. 이게 발전해서 기술과 사회가 어떻게 달라지느냐, 기술이 변해서 사회가 어떻게 달라지는가, 어떻게 상호 작용을 할까, 이런 걸 얘기하는 콘퍼런스가 되었다. 이런 콘퍼런스는 기술 쪽으로는 유일한 것 같다. 그래서 '기술 분야의 다보스 포럼'이라는 얘기를 듣기도 한다.

최고기술경영자CTO 입장에서, 앞으로 기술이 어떻게 발전하고 이게 사회에 어떻게 영향을 미칠까 제대로 파악하는 게 제일 중요하다. 그래서 참가하게 되었다.

TED에 참가하는 게 실질적으로 사업에 도움이 되는가.

TED에서는 '혁신적인 것Something Innovative'을 만난다. 구체적인 사업 아이템을 얻을 수도 있지만, 무엇보다 생각의 넓이와 깊이가 달라진다. 2010년 콘퍼런스 첫날 영국의 정치가 데이비드 캐머런(이후 총리가 되었다.)을 위성으로 연결하지 않았나. 정치는 돈이 많이 드는 비즈니스라면서 새로운 접근 방식을 제시했는데, 아주 신선했다.

TED콘퍼런스에 '사람을 만나러 온다.'는 얘기도 하던데, 어떤가.

맞다. TED의 좋은 점 중 하나다. 여기 오는 사람들은 쉽게 말하자면 월드 클래스 중에서도 제일가는 사람들이다. 이를테면 하버드대 교수, 유력 기업 CEO들, 세계적인 문학가와 작곡가, 세계적인 엔지니어, 이런 사람들이다. 이들과 짧은 대화라도 할 수 있으면 도움이 많이 된다.

사실 TED 참가자들은 이런 직위나 클래스 말고도 특별한 성격을 갖고 있다. TED 참가자들은 사회가 어떻게 변화하는지 그저 알아보려는 것이 아니라 직접 변화를 이끌어 나가는 사람이 되고 싶어 한다. 그래서 새로운 아이디어를 더 잘 받아들이고, 더 많이 참여하려고 하고, 좋은 아이디어가 나오면 같이 깃발을 들고 앞장서기도 한다. 이미 사회의 리더이거나 앞으로 리더가 될 사람들이다. 그래서 TED에는 단순히 제3자로서 사회가 어떻게 돌아가는지 보려는 게 아니라 '저도 일원이 되겠습니다.' 하고 오는 사람들이 많다. 이런 사람들과 사귀어 두면 나중에 '아, 그 사람이 이런 것도 해?' 하고 놀랄 때도 있다.

불경기인 데다 참가비가 비싼데도 TED콘퍼런스는 갈수록 인기다. 왜 그럴까.

기술 포럼 같은 것은 쉽게 말해 단편적인 지식들의 연합이다. 그런데 이건 쉽게 얻을 수 있는 것들이다. 이제부터 필요한 건 컨버전스이고 통섭이다. 그런데 기술과 사회, 인간을 통섭적인 시각으로 보는 콘퍼런스는 별로 없다. TED는 컨버전스, 통섭이 이뤄지는 곳이다. 그래서 경기가 안 좋아도 이렇게 인기를 끄는 것 같다. 다른 콘퍼런스들은 사실 요즘 많이 쇠퇴하는 추세다.

TED는 기술의 진화, 사람들의 마음가짐, 그리고 IT에 의해서 사회가 변화하는데, 어떤 방향으로 바뀌어야 하는지, 이런 것들을 청중에게 주입식으로 심어 주는 게 아니라, 직접 보고 있으면 함께 감동하고 빠져들게 만든다. 그리고 새롭게 변하는 세상을 맞이하는 사람들에게 제대로 동기 부여를 해 준다. 예를 들자면, '이것이 갈 길이다.' 하는 식으로 생생한 예를 보여 주고, 동기를 만들어 주고, 북돋워 준다. 그래서 행동하게 만든다.

여러 해 TED콘퍼런스에 참가했는데, 그동안 TED는 어떻게 변화했나.

2008년까지는 콘퍼런스가 캘리포니아 몬터레이에서 열렸다. 그때는 참가 인원이 더 적고 마치 가족 같은 분위기였다. TED가 너무 재미있어서 대학생 아들하고 같이 참가하는 아버지도 봤다. 마지막 날 송별 파티는 뉴포트 해변에서 열렸는데, 마치 한국의 옛날 학교 운동회 같은 느낌이었다. 친목회에 온 듯한 기분도 들었고. 그런데 롱비치로 옮겨 오면서 참가자들도 늘고 행사 규모도 커져서 그런 친밀한 분위기는 줄었고 말 그대로 '콘퍼런스'가 되었다.

또 TED에서 새로운 기술이나 상품을 소개하는 경우가 많았는데, 요즘은 인터넷으로 새로운 것들이 금방 전파되는 시대라서 그런 기능이 상대적으로 약해졌다. 물론 지금도 TED에서 새로운 것을 많이 접할 수는 있지만, 예전보다는 사회적 이슈가 더 많이 다뤄지고 이른바 지식인의 역할을 강조하는 것 같다.

4장

미래를 만드는 사람들

"TED가 내 인생을 바꿨다."

TED에 참가한 사람들로부터 종종 듣게 되는 말이다. TED는 콘퍼런스다. 그러나 일반적인 콘퍼런스가 아니다. 일반적인 콘퍼런스는 한 사람의 인생을 바꿀 정도의 영향력을 행사하지는 못한다. TED가 내세운 '확산할 만한 가치가 있는 아이디어'의 세례를 받고 나서 세상을 보는 눈이 달라졌다는 사람들이 많다. 인생을 바꾸기도 하고, 세상을 보는 눈을 변화시키는 콘퍼런스. 이 힘은 어디서 나오는가.

누가 TED에 서는가

TED는 수많은 아이디어를 접하게 되는 곳이다. 이 아이디어는 무엇보다 TED의 연사들로부터 나온다. 앞에서도 언급한 바 있지만 TED의 연사들은 다양한 분야 전문가들을 망라한다. TED 연사들 중에는 노벨상이나 퓰리처상, 오스카상, 그래미상, 에미상, 토니상 같은 세계적 권위의 상을 받은 사람들이 숱하다. 또 TED는 아직널리 알려지지 않은 젊은 과학자나 예술가, 사상가들을 발굴해 세상에 소개하기도 한다.

TED콘퍼런스에는 매년 50여 명의 가장 혁신적이고 영향력 있는 연사들이 참가한다. TED웹사이트에 소개된 과거 주요 연사 명단에는 이런 사람들이 포함돼 있다: 전 미국 대통령 빌 클린턴, 마이크로소프트 사 창립자인 빌 게이츠, 건축가 프랭크 게리Frank Gehry, 제인 구달, 뮤지션 폴 사이먼Paul Simon, 아마존 창립자 제프 베조스Jeffrey Bezos, 작가 이브 엔슬러, 포토저널리스트 제임스 나흐트웨이James Nachtwey, 재즈 뮤지션 허비 행콕, 작가 말콤 글래드웰, 빌리 그레이엄Billy Graham 목사, 첼리스트 요요마Yo-Yo Ma, 구글 창립자인세르게이 브린과 래리 페이지……. 다 열거하는 게 큰 의미가 없을 정도다.

그러나 단순히 유명하거나 자기 분야에서 업적이 뛰어나다고해서 TED의 연사가 될 수 있는 것은 아니다. 유명한 연사를 만날 수 있는 콘퍼런스는 세계 곳곳에 있다. 당장 이곳 한국에서도 연사의 유명세를 홍보하는 국제 콘퍼런스가 얼마나 많이 열리는가 말이다. 그것만으로는 안 된다.

TED 큐레이터 크리스 앤더슨은 TED의 미덕은 '다르게 보기'를 할 수 있다는 것이라고 말한다. TED의 연사들은 남들과 다른 독창적인 시각을 가진 사람들이다. 이들의 이야기는 정보를 전달할 뿐 아니라 영감과 놀라움, 그리고 즐거움을 선사한다. TED의 연사들은 세상을 더 나은 곳으로 바꾸려는 열망을 가진 사람들이다.

내가 보기에 TED의 연사가 되기 위한 중요한 조건이 또 하나 있다. 18분이라는 TED토크의 시간에 맞춰 청중과 소통할 수 있는 능력이다. TED 연사들은 18분 동안 자신이 전문성을 가진 분야의 이야기를 쉽게 풀어낼 수 있어야 한다. 놀라운 우주의 신비도, 눈을 의심하게 하는 신기술의 이치도, 참신한 행동경제학의 사례도, 모두 주어진 시간 18분에 맞춰 쉽게 설명해 낼 수 있어야 한다. TED토크를 보다 보면 이 토크의 주제도 주제지만, 연사가 이 주제를 풀어내는 방식에 감탄하게 될 때가 많다. TED의 연사들은 커뮤니케이션의 달인이다.

TED의 유럽 지역 디렉터 브루노 지우사니Bruno Giussani에 따르면 18분이라는 TED토크의 시간은 보통 한 시간에 이르는 학술 강연보다는 훨씬 짧지만, 준비 없이 즉흥적으로 하기는 불가능하기 때문에, 연사들이 새로운 접근 방법을 모색할 수밖에 없다.[44] 연사들은 또 자신들의 강연이 인터넷에 공개돼 전 세계인들이 보게 된다는 점 때문에 더욱 훌륭한 TED토크를 만들어 내기 위해 긴장하고 준비하게 된다.

TED는 기존의 콘퍼런스에서 연사를 섭외하던 방식으로 연사를 구하지 않는다. 대중적인 인기나 커다란 명성, 심오한 학문적 업적이 TED의 연사가 되기 위한 필수 조건은 아니다. TED는 웹사이트에 '연사 추천하기Suggest a speaker'라는 메뉴를 마련하고 있다. 누구든 이를 통해 연사를 추천할 수 있다. 심지어는 자기 자신을 연사로 추천할 수도 있다.

TED는 2011년 미국에서 처음으로 연사 오디션도 개최했다. 2012년에는 전 세계로 오디션을 확대했다. 이 오디션은 'TED 월드와이드 탤런트 서치TED worldwide talent search'라는 이름으로 6개 대륙 14개 도시에서 진행되었다. 오디션의 참가자들이 선보인 290여 건의 토크는 모두 웹비디오로 TED웹사이트에 올라 네티즌들의 인기 투표를 거쳤다. TED 2013은 이렇게 전 세계에서 선발된 연사들의 데뷔 무대가 된다.

TED가 이 연사 오디션에서 내건 '구인 조건'을 살펴보면, TED가 어떤 사람들을 연사로 원하는지 짐작할 수 있다.

- 발명가Inventor — 혁신을 공유해 세상을 변화시킬 수 있는 사람

- 선생님Teacher —— 성인, 혹은 청소년들과 독특한 방식으로 가치 있는 지식을 공유하는 사람
- 신동Prodigy —— 만개할 준비가 되어 있는 젊은 천재
- 예술가Artist —— 새롭고 매력적인 방법으로 자신의 작업을 보여 줄 수 있는 사람
- 퍼포머Performer —— 음악, 춤, 코미디, 연극, 또는 완전히 다른 그 무엇을 공연할 수 있는 사람
- 현인Sage —— 세상이 필요로 하는 지혜를 어렵게 습득한 사람
- 열정가Enthusiast —— 공유할 수 있는 주제에 대해 전염성 강한 열정을 지닌 사람
- 변화 촉매자Change Agent —— 중요한 작업들로 세상의 미래를 설계하는 데 도움을 줄 수 있는 사람
- 스토리텔러Storyteller —— 생생하고 독창적이고 의미 있는 이야기와 연결의 재능을 가진 사람
- 스파크Spark —— 확산할 만한 가치가 있는 강력한 아이디어를 지닌 사람

이 조건을 보다 보면 눈에 들어오는 단어가 있다. 바로 '공유', 혹은 '나눔Sharing'이라는 말이다. 물질적인 것들은 나누면 각자의 몫이 적어지지만, 지식이나 혁신, 아이디어는 여러 사람들과 나눌수록 더 커진다. 바로 TED가 추구하는 것이다. 그 외에도 TED는 열정,

독창성, 새로움, 변화 같은 가치를 중시한다는 것을 짐작할 수 있다. TED가 원하는 연사는 바로 이런 조건을 갖춘 사람들이다.

누가 TED에 참가할 수 있는가

그럼 TED 청중은 어떤 사람들인가. TED는 청중도 연사들 섭외하는 것만큼이나 까다롭게 고른다. 당연한 얘기지만, 먼저 고액의 참가비를 낼 능력이 있어야 한다. 돈만 낸다고 TED에 참가할 수 있는 것도 아니다. TED는 1년 전에 이미 정원이 차고 대기자 리스트가 긴 인기 콘퍼런스다. TED에 참가하고 싶은 사람들은 자신이 왜 TED콘퍼런스에 참가해야 하는지, 지원서에 적극적으로 서술해야 한다. 내 생애에서 가장 큰 성취는 무엇이었는지, 그것이 사회에는 어떤 영향을 미쳤는지 등등의 문항에 답해야 한다. 이런 과정을 통과해야만 TED에 참가할 자격을 얻게 된다.

TED콘퍼런스에는 매년 1500명에서 2000명 정도가 참가한다. 엘리트들이 모이고, 개발과 관련된 주제를 많이 다룬다는 점에서 TED콘퍼런스는 스위스의 다보스 포럼세계경제포럼, World Economic Forum 과 비견되기도 하지만, 다보스 포럼에 대통령이나 수상, 국회의원 등 각국의 정치인들이 많이 참가하는 것에 비해 TED콘퍼런스에는 정치가들은 별로 많지 않다.

유명 기업의 임원들이나 벤처 사업가, 투자자, 사회사업가, 연예인, 변호사, 언론인, 의사, 미디어업계 종사자, 작가, 예술가……. TED는 다양한 분야에서 다채로운 경력을 가진 사람들로 청중을 구성한다. TED는 오래전부터 TED콘퍼런스에 꾸준히 참가해 온 사람과 새로 참가하는 사람의 비율을 적절히 유지한다고 밝히고 있다. TED는 또 다음과 같은 조건을 가진 사람을 청중으로 선호한다고 명시해 놓았다.

- 호기심 많고 열정이 넘치며 생각이 열려 있는 사람
- 무언가 멋진 일을 이뤄 낸 사람
- 창의성, 혁신, 직관, 혹은 명석함을 증명해 보인 사람
- 점심시간에 함께 식사하며 대화를 나누고 싶은 사람
- 세상을 발전시키기 위해 힘을 보태기 유리한 위치에 있는 사람
- TED커뮤니티에 공헌한 사람(예를 들자면, TED프라이즈 위시를 후원한다든지)

위의 조건에서 보듯이, TED의 참가자들은 강연을 듣기만 하는 수동적인 청중이 아니다. 호기심이 많고, 세상의 변화에 촉각을 세우고, 새로운 것에 민감하고 적극적으로 받아들일 준비가 돼 있는 사람들이다. 새로운 사람들을 만나는 것을 즐기며, 참여가 필요한 경

우에는 적극적으로 나서기를 주저하지 않는 사람. 처음부터 이런 특성을 가진 사람들이 TED에 참가하는 경우가 많기도 하지만, TED의 분위기가 참가자들을 그렇게 만들기도 한다.

TED콘퍼런스에서 '선택의 역설'[45]에 대해 강연한 사회심리학자 배리 슈워츠Barry Schwartz는 TED의 청중을 이렇게 설명한다.

> "TED에 오는 사람들은 상호작용과 대화를 통해 변화할 준비가 돼 있어요. TED의 분위기 속에서 이들은 5분마다 뭔가 새로운 것을 배우게 됩니다. 대학이 바로 이런 곳이어야 할 것 같은데, 실제로 대부분의 대학은 그렇지 않죠."[46]

내가 2010년 TED콘퍼런스에 참석했을 때 앨 고어가 주최한 조찬 세미나에서 구글 엔지니어를 만났음은 이미 말한 바 있다. 당시 나는 서울디지털포럼을 기획하는 부서에서 일하고 있었다. 그에게 한국에는 서울디지털포럼이 있다고 소개했더니, 관심을 가지고 이런저런 질문을 해 왔다. 그런데 그가 던진 다음과 같은 질문에 나는 대답이 궁해졌고 잠깐 말문이 막혀 버렸다.

> "그 포럼은 세상을 바꾸기 위해서 무슨 일을 하고 있습니까?"

물론 나는 '결과적으로' 서울디지털포럼이 세상의 변화에 긍정적인 영향을 미치고 있다고 대답할 수도 있었을 것이다. 모든 포럼이 세상을 바꾸는 걸 목표로 삼아야 하는 것도 아니다. 하지만 '포럼으로 세상을 어떻게 바꾸는지'를 궁금해 하던 그 참가자는 나에게 깊은 인상을 남겼다. 내가 포럼 기획자로서 그저 유명한 연사를 섭외하고 프로그램을 짜고 행사를 진행하는 것에만 매몰돼 정작 그 가치에 대해서는 제대로 고민하지 않고 지냈던 건 아닌지 반성하는 계기가 되었다.

포럼이 세상을 바꾸기 위해 무슨 일을 하고 있는지를 물었던 이 참가자는 TED 참가자들의 특성을 잘 보여 준다. TED 참가자들 중에는 변화에 민감할 뿐 아니라 자신이 변화를 이끄는 촉매가 되기를 원하는 사람들이 많다. 또 TED에 참가하다 보면 세상의 변화라는 게 남의 일이 아니라 나로부터 시작될 수도 있겠다는 생각이 들기 시작한다. 나 역시 그런 경험을 했으니까.

TED의 '젊은 피'

TED콘퍼런스의 진입 장벽이 높다 보니 '그들만의 잔치'라는 비판이 종종 나오는 것도 사실이다. TED 역시 이런 비판이 있다는 것을 잘 알고 있고 이를 보완할 여러 장치를 모색하고 있다. 그래서 비영리 재단이나 교육 관계자들에 한해 참가비를 할인해 주기도 한다. 한편으로는 전 세계의 젊은 리더들 중에 'TED펠로^{TED Fellow}'를 40명 정도 선발해 콘퍼런스에 초청한다.

TED펠로는 2007년 '다음 장^{The Next Chapter}'을 주제로 탄자니아에서 열렸던 TED아프리카 콘퍼런스에서 비롯되었다. 이 콘퍼런스에는 아프리카 전역에서 100명의 열정적이고 진취적인 신세대 펠로가 참여해, 참신한 아이디어들을 제공하고 이 아이디어의 실현을 위한 네트워크를 형성하는 데 큰 역할을 했다. 이에 고무된 TED는 펠로 프로그램을 TED콘퍼런스의 상시 프로그램으로 도입하게 된다.

TED가 원하는 펠로는 열정적인 실행가^{Maker and Doer}다. 학벌이나 성적은 중요하지 않다. 21세에서 40세까지, 비범한 성취나 용기를 보여 준 사회운동가와 학자, 과학자, 예술가 등을 선발한다. 아프리카, 아시아 태평양, 카리브 해 연안, 라틴아메리카, 중동 지역 인재들을 주 대상으로 한다. 하지만 18세 이상이면 지원할 수 있고, 연령이나 지역 제한이 절대적인 것은 아니다.

매년 미국 롱비치의 TED콘퍼런스와 스코틀랜드 에든버러의 TED글로벌에 각각 20명씩 새 TED펠로를 선발하는데 2000여 명이 지원할 정도로 경쟁이 치열하다. 펠로로 선발되면 콘퍼런스 참가비가 면제될 뿐 아니라 교통비와 숙박비 등 모든 비용을 제공받는다. 콘퍼런스 개막 전에 TED펠로들의 회의가 따로 열리고, 펠로들은 각종 네트워킹 행사에 참가하게 된다. 서포테드^{SupporTED}라는 프로그램을 통해 전문가들의 코칭과 멘토링을 제공받을 수도 있다.

또 TED펠로 중 희망자를 대상으로 매년 15명을 TED시니어펠로로 선발한다. 시니어펠로가 되면 추가로 2년 동안 TED와 TED글로벌 콘퍼런스에 모두 참가할 수 있다. 즉 펠로에서 시니어펠로까지 3년을 활동하면 모두 다섯 차례의 콘퍼런스에 참가하게 되는 것이다.

TED펠로는 TED 메인 세션이 시작되기 전에 별도의 세션에서 TED펠로 토크를 할 기회도 얻게 된다. 따라서 TED펠로는 TED의 청중이면서 TED펠로 토크의 연사가 된다. 이들은 토크 주제를 정하고, 리허설을 하는 과정에서 TED 측의 프레젠테이션 코칭을 받는다. TED펠로 중 일부는 TED의 메인 세션에 설 기회를 얻기도 한다. 즉 TED펠로는 일종의 연사 양성 프로그램이기도 하다. 한국계로는 재미 교포 북한 인권 운동가 에이드리언 홍Adrian Hong, 데이터 시각화 전문가인 민세희 씨 등이 TED시니어펠로로 활동했다.

일반적인 TED의 참가자는 국적으로는 미국인들이 대부분이고, 비싼 참가비를 낼 여유가 있어야 하기 때문에 아무래도 젊은 층은 많지 않다. 세계 각지에서 모인 TED펠로는 그래서 TED에 젊은 피를 수혈하고 지역적 편중도를 다소 완화하는 역할을 한다. 이 중에서 미래의 TED토크 연사들이 탄생하기도 한다. 젊고 열정적인 TED펠로들은 전 세계를 망라하는 커뮤니티를 형성하며 TED의 가치를 확산하는 데 큰 힘이 된다.

TED펠로와 함께 'TED액티브^{TEDActive}'의 참가자들 역시 TED에 젊은 피를 수혈하며 TED의 가치를 세계에 확산하는 중요한 역할을 하고 있다. TED액티브는 TED콘퍼런스가 열리는 기간, TED의 가치에 공감하는 참가자들이 모여 TED콘퍼런스 실황을 생중계로 함께 즐기며 새로운 아이디어를 주고받는 콘퍼런스다. '진정한 TED는 TED액티브에 있다.'는 말이 나올 정도로, 역동적이고 매력적인 행사다. 후반부에 다시 자세히 다루겠지만, TED액티브 참가자들은 그야말로 '액티브'라는 말이 어울리는 액티비스트들이다.

왼쪽에 빌 게이츠, 오른쪽에 앨 고어

TED펠로가 청중이면서 연사라고 했지만, 원래 TED에서는 연사와 청중이 별로 구분되지 않는다. 연사나 청중이나 똑같이 TED의 참가자^{TEDster}들이다. TED의 연사는 자신의 강연 순서만 끝나면 대부분 청중석으로 자리를 옮겨 다른 연사들의 강연을 듣는다. TED콘퍼런스에서는 쉬는 시간이면 조금 전에 TED토크를 한 연사와 청중이 함께 어울려 대화를 나누는 풍경을 흔히 볼 수 있다. 나는 TED콘퍼런스에 참석했을 때, 빌 게이츠의 강연이 끝나자마자 많은 참가자들이 그를 둘러싸고 복도에서 오랫동안 대화를 나누는 장면에 깊은 인상을 받았다.

앞서 말했듯, 청중석에 VIP 구역이 따로 없는 것도 이 때문이다. 청중석 곳곳에 연사 못지않은 유명 인사가 숱하다. 내 뒷줄에 전 미국 부통령이 앉기도 하고, 쉬는 시간에 나를 스쳐 지나간 사람이 왠지 낯익어 생각해 보니 유명 배우라는 걸 깨닫기도 한다. 청중이 연사가 되고, 연사가 청중이 된다. 큰 차이가 없다.

TED는 메인 세션과 별도로 참가자들이 무대에 서는 세션을 마련한다. TED와 TED글로벌 콘퍼런스에서는 'TED대학TED University, TED U', TED액티브에서는 'TEDYou'로 불리는 세션이다. TED U와 TEDYou가 발음이 같은데, 당신도 참가할 수 있다는 뜻과, 마치 대학처럼 연사를 키우는 프로그램이라는 뜻이 겹쳐 있다. TED는 참가자 가운데 다른 사람들과 나누고 싶은 이야기가 있는 사람들의 신청을 받아 이 세션을 구성한다. 보통 2분에서 9분 사이의 짧은 이야기들로, 대개 메인 세션이 열리기 전 오전에 진행된다.

2011년 TED 참가자였던 릭 엘리아스Ric Elias는 TED대학에서 '비행기 추락 사고에서 내가 배운 것'이라는 주제로 5분간 이야기했다. 그는 죽음의 문턱까지 가는 사고를 겪으면서 일상과 가족의 소중함을 깨달았다는 이야기를 진솔하게 풀어 내 기립 박수를 받았다. "내 인생의 유일한 목표는 좋은 아빠가 되는 것"이라고 한 그의 이야기는 TED토크 웹사이트에서 볼 수 있다.[47] 이렇게 TED대학 토크도 TED토크 웹사이트에 오르고, TED대학에 참가했다가 메인 세션 연사로 데뷔하는 경우도 있다.

과거에 TED 연사로 참여했던 사람들이 이후 콘퍼런스에 청중으로 참가하는 경우도 많다. 2010년 만났던, 행동경제학자로 각광받는 듀크대 댄 애리얼리Dan Ariely 교수도 그런 경우였다. 그는 2009년 TED콘퍼런스에서 왜 사람들이 때로는 남을 속이거나 훔치는 것이 괜찮다고 생각하는지, 왜 사람들이 종종 비합리적인 결정을 하는지를 설득력 있게 설명하는 TED토크로 열렬한 반응을 얻었다.[48]

애리얼리 교수가 TED에 청중으로 돌아온 이유는 분명했다. TED에서 영감을 얻어 가는 것이다. 그가 연구하는 행동경제학은 경제학적 지식뿐 아니라 심리학의 임상 실험과 인간의 본성에 대한 통찰까지 접목해야만 하는 분야다. 경제학자들이 모이는 전문 학회는 아니지만, 학회에서는 얻을 수 없는 다채로운 자극을 받을 수 있는 것이다.

TED의 연사들은 강의료는 받지 않지만 대신 숙식과 교통비를 제공받고 TED의 전 일정에 무료로 참가할 수 있다고 앞에서 말했다. 그러나 과거의 연사라도 청중으로 참가하는 경우에는 어김없이 참가비를 내야 한다. 역시 과거 TED 연사였다는 한 참가자는 비싼 참가비에도 불구하고 청중으로 돌아온 이유를 간명하게 설명했다. "사람을 만나기 위해서죠!To meet people!"

TED 참가자들은 사람들을 만나려고 TED콘퍼런스에 온다. 사람들이 만나면 뭔가 일이 성사되게 마련이다. 사람들에게서 아이디어가 나온다. 영감이 비롯된다. 영감은 일방적으로 주거나 받기만 하는 게 아니다. 서로 주고받는 것이고 그러면서 더욱 강력해진다. 그리고 이 영감은 실천과 변화로 이어진다.

최초의 CD와 매킨토시

TED 연사들이 TED토크를 통해 세상에 처음 선보인 혁신의 사례는 일일이 꼽기도 쉽지 않다. TED에서 권위 있는 IT 매거진인 《와이어드》가 잉태됐다거나, 첫 CD와 매킨토시 컴퓨터가 소개됐다 거나, 앨 고어의 『불편한 진실』의 기본 아이디어가 처음 나왔다거나 하는 사례는 이제 너무나 잘 알려진 얘기다. 초창기보다는 TED토 크가 다루는 주제들이 다양해졌지만, 여전히 TED는 놀라운 신기 술이나 아이디어를 세상에 처음 선보이는 중요한 무대가 되고 있다.

한국계 TED 연사로 화제가 되기도 했던 제프 한Jeff Han은 2006년 TED콘퍼런스에서 멀티터치 스크린 기술을 최초로 시연 했다. 이후 미군의 작전실에서도, CNN의 선거 방송에서도 이 기 술이 사용됐다. 제프 한이 설립한 멀티터치 스크린 기술 보유 업 체 퍼셉티브 픽셀Perceptive Pixel은 2007년 마이크로소프트 사가 거 액에 매입했다.[49] 2010년 콘퍼런스에서 과학자 존 언더코플러John Underkoffler는 특수 센서가 부착된 장갑을 끼고 손을 휘저으며 스크

'프린트된' 인공 신장을 보여 주는 아탈라.

린에 3차원으로 배열된 사진 수천 장을 마음대로 조작하는 기술을 시연했다. 미래의 사용자 인터페이스, 바로 영화 「마이너리티 리포트Minority Report」에서 톰 크루즈Tom Cruise가 선보였던 놀라운 기술이다.[50] 2011년에는 안토니 아탈라Anthony Atala가 소개한 인공 장기 프린터가 청중을 충격에 빠뜨렸다. 그는 인공 장기 배양 기술의 진전에 대해 이야기한 강연 끝에 실제로 무대 위에 인공 장기 프린터가 등장해 즉석에서 신장을 '프린트'해 내는 과정을 보여 줬다. 실제로 이런 기술을 활용해 만들어진 인공 장기를 이식 받았던 환자도 무대에 올라 이 놀라운 기술 덕분에 자신이 어떻게 다시 건강한 삶을 살게 되었는지 이야기했다.[51]

TED에서 소개되는 혁신은 또 다른 혁신을 낳는다. TED는 수많은 아이디어와 사람이 만나는 곳이기 때문이다. 요즘 각광받는 통섭과 융합의 현장이다. 스티브 잡스가 "소크라테스와 점심 식사를 할 수 있다면 애플의 기술을 다 줘도 아깝지 않다."고 했다던가. TED는 이를테면 '소크라테스와 함께 하는 점심 식사'와 '애플의 기술'을 동시에 경험할 수 있는 곳이다. 종횡무진 분야를 아우르며 이어지는 새로운 아이디어의 세례를 받다 보면 또 다른 혁신의 영감이 떠오른다.

사실 TED는 그 자체가 끊임없는 혁신의 산물이다. 크리스 앤더슨이 TED를 인수한 이후 시작된 TED의 변화는 지금도 진행형이다. 이는 TED에서 소개되는 인터넷 시대의 새로운 흐름을 재빨리 받아들인 덕분이기도 하다. TED에는 인터넷 시대의 새로운 구루들이 단골 연사로 등장한다.

경직된 저작권이 창작을 위축시키고 있다며 '크리에이티브 커먼즈 라이선스'[52]를 창시한 하버드대 로스쿨 교수 로런스 레식Lawrence Lessig, 『롱테일 경제학The Long Tail』과 『프리Free』의 저자이자 《와이어드Wired》 편집장인 크리스 앤더슨(TED 큐레이터 크리스 앤더슨과 이름이 똑같다), '열린 혁신의 시대The era of open innovation'를 주제로 강연한 집단 지성의 권위자 찰스 리드비터Charles Leadbeater, 『많아지면 달라진다Cognitive Surplus』를 쓴 뉴욕대 교수 클레이 셔키 등이다.[53]

"공짜는 디지털화와 함께 오는 것입니다. 왜냐하면 재생산 비용이 무료이기 때문이죠. 이는 IP가 효과적인 프로토콜이기 때문이고 또한 광섬유 케이블이 넓은 대역폭을 가지고 있기 때문입니다. '공짜'는 실리콘밸리가 전 세계에 가져다 준 선물이죠. '공짜'란 경제적인 힘이며 기술적인 힘입니다."

《와이어드》의 크리스 앤더슨은 2004년 TED 무대에서 디지털 시대의 새로운 흐름을 이야기하며 '공짜 경제학'의 토대가 된 아이디어를 내놨다. 아마도 TED는 공짜 경제학의 대표적인 사례가 될 것이다. TED토크를 온라인에 무료로 공개하고, 크리에이티브 커먼즈 라이선스를 채용해 공유를 장려한 것이 오늘날의 TED를 만든 첫걸음이었다고 해도 과언이 아니다. 또 '열린 번역 프로젝트'처럼 일부 전문가들이 아니라 열정 있는 다수의 일반인이 참여하는 TED의 여러 프로젝트들은 집단 지성이나 열린 혁신의 힘을 잘 보여 준다.

사실 TED토크를 처음 온라인에 공개하기 시작할 때엔 우려하는 사람도 많았다. 공짜 콘텐츠가 있는데 유료 콘퍼런스에 돈을 내고 올 사람이 있을까. 그러나 2007년까지 4400달러였던 TED 참가비가 2008년부터 6000달러로, 현재는 7500달러까지 올랐지만 오히려 콘퍼런스에 참가하고 싶어 하는 사람들은 더 많아졌다. TED의 미디어 디렉터 준 코언은 "전통적인 비즈니스 법칙에서는 상품을 희소화하고 비싸게 해야 브랜드 가치를 지킬 수 있다고 말하지만, TED는 이 법칙을 깨버렸다."고 말한다.[54]

TEDx를 통해 TED의 브랜드와 포맷까지 무료로 제공하기 시작한 것 역시 TED의 위상을 더욱 공고히 했다. 이런 '급진적 개방성Radical Openness'은 TED의 최근 몇 년간 변화를 함축한다. 이 단어는 TED의 새로운 모토라고 할 수 있을 정도가 되었다. 2012년에 든버러에서 열린 TED글로벌의 전체 주제가 바로 '급진적 개방성'이었다. TED는 '더 많이 나눠 줄수록 더 많이 얻는다The more you give away, the more you get back'는 새로운 비즈니스 법칙의 대표적인 사례가되었다.

비영리 재단이지만 TED는 사업적으로도 커다란 성공을 거두고 있다. TED 후원 기업은 갈수록 늘고, 참가 대기자 명단은 무척 길다. TED콘퍼런스는 연 200만 달러 이상의 이익을 창출해,[55] TED 브랜드를 사용하는 사업을 계속 확장할 수 있는 발판이 되고 있다. TED 자체가, TED콘퍼런스에서 이뤄지는 '영감의 세례'의 결과로 끊임없이 혁신을 실천해 온 결과다. TED는 그 자체로 혁신의 모델이 되고 있다.

'TED모멘트'를 경험하라

'TED모멘트[TED moment]'라는 말이 있다. TED에서 경험할 수 있는, "창의성과 연결의 느낌이 불꽃처럼 일어나는 마법의 순간"을 말한다.[56] 연사가 서 있는 무대로부터 깊은 영감이 객석을 향해 발산된다. 그 순간 청중의 머릿속에선 마치 전구가 반짝 켜진 듯 불꽃이 일어난다. '아하!' 하는 새로운 깨달음의 순간. 내가 원래 갖고 있던 생각과 다른 사람의 깊은 영감이 부딪히면서 일어나는 연결과 전환의 순간.

TED모멘트를 일으키는 TED토크는 놀라운 신기술을 처음 선보이는 것일 수도 있고, 심각한 공동의 문제를 상기시키는 것일 수도 있으며, 우리가 경험하지 못했던 독창적인 예술 작업을 펼쳐 보이는 것일 수도 있다. 일상에 숨어 있었던 작은 진실을 밝혀내는 것일 수도 있으며, 불굴의 인간 의지를 드러내는 것이 될 수도 있다. 그 어떤 것이 됐든 TED모멘트는 참가자들에게 변화를 일으킨다. 자신이 하고 있는 사업과 직결된 변화일 수도 있고, 인생과 사회를 대하는 가치관을 바꿔 놓기도 한다.

TED의 큐레이터인 크리스 앤더슨 자신부터가 이런 TED모멘트를 경험하면서 인생이 바뀐 사람이다. 그는 자신의 첫 번째 TED모멘트로 에이미 멀린스의 TED토크를 꼽는다.[57] 에이미 멀린스는 두 다리가 없는 장애인으로, 의족을 하고 패럴림픽에 출전해 세계 신기록을 세운 육상 선수다. 앤더슨은 1998년 TED에서 그녀의 토크를 봤던 것을 이렇게 회상한다.

> "에이미가 바지를 걷고 그녀의 의족을 떼어 보여 주는 걸 지켜봤어요. 그녀가 보여 준 것들이 저를 포함한 청중에게, 사람들은 자신들의 한계를 넘어설 수 있고 놀라운 일을 해 낼 수 있고 뭐든 가능하다는 느낌을 줬죠. 저는 이런 순간이 TED에서 자주 일어난다고 생각해요."[58]

크리스 앤더슨은 TED모멘트를 경험하면서 TED와 사랑에 빠졌고, TED를 창립자인 워먼으로부터 인수하겠다는 결정을 했다. 그리고 단지 콘퍼런스에 참석한 소수의 사람들만 감동을 느끼고 끝날 게 아니라 이를 더 많은 사람들한테 전달하고 싶다는 생각으로, '가치 있는 아이디어의 확산'이라는 새로운 사명을 갖고 TED를 변화시키게 된다. 그는 TED모멘트에서 느낀 감동을 변화의 원동력으로 삼았다. TED모멘트가 자신의 인생을 변화시켰다고 말하는 사람은 앤더슨뿐만이 아니다.

> "TED모멘트가 일어나는 순간, 연사의 이야기는 더 이상 혼자만의 이야기가 아니며, 함께 자리한 사람들 모두의 소명으로 변모하기 시작하고, 사람들은 함께 힘을 합쳐 나아가기를 다짐할 수

있게 된다. …… 이런 사람들이 모이는 곳이 바로 TED다. 내가

경험한 TED는 그야말로 거대한 공명의 플랫폼이었다."[59]

TED에는 미래를 만드는 사람들이 모여든다. 이들이 모여 TED모멘트를 만들어 낸다. 그리고 TED를 통해 미래를 만드는 사람들이 새롭게 탄생한다. TED모멘트는 이제 TED콘퍼런스 참가자들을 넘어 더 많은 사람들에게 확산되고 있다. 인생을 바꿀 수도 있는 콘퍼런스, TED의 마법이다.

TED 전도사, 송인혁

송인혁 씨는 TED의 경험 때문에 인생이 바뀌었다고 말하는 사람 중 한 명이다. 그는 2010년 TED액티브를 시작으로 매년 TED에 참가하고 있다. 그는 새로운 아이디어들이 솟아나고, 새로운 가능성이 제시되고, 이 가능성이 실천으로 이어지는 TED의 마법을 생생하게 경험하며 희열을 느꼈다.

크리스 앤더슨에게 첫 TED모멘트를 선사했던 에이미 멀린스의 TED토크를 한국어로 번역한 사람이 바로 송인혁 씨다. 그는 이 TED토크를 번역한 후, 교통사고로 다리 절단 수술을 받고 절망에 빠져 수차례 자살을 시도했던 김진희 씨의 사연을 한 책에서 우연히 접하게 되었다. 그리고 그녀를 절망에서 구출해 낸 것이 바로 자신이 번역한 에이미 멀린스의 TED토크였다는 사실도 알게 되었다. 송인혁 씨는 TED를 통해, 자신의 작은 기여가 누군가의 미래를 바꿀 수도 있다는 것을 깨달았다고 말한다.

그는 TEDx삼성의 공동 창립자로 자기가 속했던 기업의 문화를 바꿔 나가는 계기를 마련했고, TEDx서울과 TEDx이태원 오거나이저로 활동하고 있으며, 지금은 자신이 체득한 혁신과 열정, 창의성에 대한 독특한 시각을 글로

쓰고, 강연으로 나누고 있다. 자신의 인생은 TED 이전과 이후로 나뉜다는 그와 2012년 가을날에 만나 이야기를 나눴다.

당신에게 TED의 의미는 무엇인가.

나는 TED에서 내 삶의 숙제를 깨달았다. 삶을 의미 있게 변화시키려고 노력했지만 항상 나 혼자라는 생각으로 살아 왔다. 그런데 TED에 갔더니 그동안 정말 신나게 살아 온 사람, 또 무겁고 괴로운 삶을 살아 온 사람, 정말 다양한 사람들이 각자의 숙제를 갖고 모여 있었다. 그리고 각자의 숙제에 맞춰 사람들이 모이고 흩어지고 했다.

처음엔 그런 걸 잘 몰랐다. 그런데 내 옆에 있었던 참가자 한 사람이 나중에 무대에서 이야기를 하는데 대량 학살 속에서 구사일생으로 살아남은 사람이었다. 정말 나는 한 번도 생각 못했던, 있는지조차 몰랐던 숙제를 안고, 이 숙제를 풀기 위해 열정을 바쳐 살아가는 사람이었다. 이런 사람들과 함께 있다 보니 내 숙제가 뭔지 깨닫게 되었다. 사명감과 열정을 느꼈고 길이 보이는 느낌이 들었다. 내 삶의 큰 숙제는 바로 무기력을 푸는 것이었다.

우리 사회 전반의 무기력을 말하는 건가?

개인적인 무기력, 직장 내의 무기력, 사회의 무기력, 그런 것들이다. 나는 어릴 때부터 아버지가 가족의 생계를 걱정하며 열심히 일하지만 '나'는 없는 무기력한 삶을 산다고 생각해 왔다. 그런데 나도 어른이 되고 사회생활을 하면서 그런 무기력함을 느끼게 되었다.

삼성전자라는, 남들이 최우량 기업으로 여기는 곳에서도 그랬다. 그저 주어진 일만 하는 데 급급한 생활을 하고 있었던 거다. 그러면서 일하다 쓰러져도 '나'는 없다. 그저 남들 걱정, 회사 걱정만 한다.

그러다 TED에 가서 열정적인 사람들을 만났다. 열정의 비밀을 알았다. TED는 열정의 비밀을 '호기심'이라고 한다. 그런데 이 열정을 지속하는 건 바로 각자의 숙제다. 자신의 삶의 숙제를 깨닫고 이를 풀기 위해 노력하는 거다.

TED액티브는 TED콘퍼런스와 분위기가 좀 다르다고 하던데.

TED액티브에서도 TEDx 오거나이저들은 롱비치에 이틀간 가서 TED콘퍼런스의 분위기를 느낄 기회가 있었다. 그런데 확실히 TED액티브 참가자들이 젊고 적극적이다. 2011년 TED액티브 참가했을 때 TED프라이즈 수상자인 JR이 강연을 마치고 팜스프링스의 TED액티브 행사장에 들렀었다. JR이 나타나자마자 사람들이

막 환호하고 수영장으로 풍덩 뛰어들고 그랬다. 아주 열광적인 분위기였다. JR이 굉장히 좋아하더라. TED콘퍼런스에서는 다들 굉장히 점잖았다면서.

TED액티브 참가자들이 TED에 대한 비판도 하는가.

    물론이다. TED가 너무 미국 중심적이라는 얘기도 하고, TED 콘퍼런스가 열리는 롱비치와 TED액티브가 열리는 팜스프링스 사이에 보이지 않는 벽이 있다는 얘기도 한다. 하지만 30년 가까운 TED콘퍼런스의 역사에서 TED액티브가 시작된 지도 이제 4년 정도밖에 되지 않기 때문에 이 벽은 어쩌면 아직은 당연한지도 모른다. 하지만 더 중요한 점은 사실 참가자들끼리 굉장히 많은 아이디어들을 나누며 스스로 이런 점들을 넘어서고 있다는 점이다. TEDto 차이나, 이런 행사를 중국에서 크게 하면 어떻겠냐 이런 얘기들도 나온 적이 있다.

TEDto차이나가 아니더라도, TEDto코리아는 어떤가?

    TEDto차이나는 중국 내에서의 TEDx 이벤트를 확산하자는 의지와 미국 본사가 주최하는 TED콘퍼런스를 중국에서 유치하자는 염원을 담은 것이다. 중국에서 아이디어와 사람을 엮는 새로운 바람을 일으키려는 것이다. 사실 한국에서도 마찬가지다. 한국에서는 이제 소셜 미디어로 한 1000명 정도 모으는 게 그리 어려운 일이 아니다. 얼마 전에 TEDx이태원 행사에서 디렉터로 일하면서도 1100명이라는 많은 사람들을 불러들였다. 판을 만들고 싶다. 들끓을 수 있는 판. 청중과 적극적으로 소통할 수 있는 구조로 가야 한다. 온-오프라인 결합해서. 테드닷컴 트래픽이 가장 많이 발생하는 나라가 한국이라고 한다. 그만큼 사람들이 열정을 끌어올려 줄 이야기에 목말라 있는 거다. 요즘 힐링이 대세라고 하는데 여기에 머물러 있으면 안 된다. 새로운 돌파구를 마련해 줄 시각을 제시해야 한다.

한국의 TEDx 활동을 어떻게 평가하는가.

의미 있는 이벤트들이 굉장히 많다. TEDx삼성은 이제 내 손을 떠났지만 임직원들을 들끓게 하는 이벤트로 자리 잡았다. 최근에 '아이디어에서 행동으로Ideas into Action'라는 주제로 열린 행사는 1000명 정원이 등록 한 시간 만에 마감됐다고 한다. 처음에는 TEDx삼성을 시작할 때는 회사에서 괜한 짓 하지 말라고 눈치도 많이 줬다. 그런데 이제는 회사에서도 관심을 갖고 지원해 주는 단계에 이르렀다.

5장
세상을 바꾸는 콘퍼런스

TED는 가치 있는 아이디어를 세상에 널리 확산시키고, 이를 통해 세상에 긍정적인 변화를 일으키려는 목적을 가진 콘퍼런스다. 우선은 TED토크 자체가 훌륭한 연사들의 좋은 아이디어를 전달하는 것이니, 이를 통해 청중을 움직이고 세상을 바꾸는 데 일조한다고 볼 수 있을 것이다. 빈곤 퇴치 운동을 하고 있는 프랑스 출신의 개발경제학자이며 MIT 교수인 에스더 듀플로는 2010년 TED콘퍼런스에서 강연을 마친 후 가진 인터뷰에서 "TED토크가 세상에 변화를 가져올 거라고 생각하지 않았다면 이 자리에 오지도 않았을 것"이라고 했다.

"여기서 강연을 마치자마자 벌써 변화가 일어나기 시작하는 것 같은 걸요. 세상이 긍정적으로 바뀌는 것은 혁명 같은 큰 사건으로 하루아침에 이뤄지는 게 아닙니다. 변화는 크고 작은 여러 단계, 과정을 거쳐서 이뤄지지요. 저는 TED가 이 중 꽤 큰 단계에 속한다고 생각해요."

크리스 앤더슨이 TED토크를 온라인에 공개하기 시작한 게 바로 이 목적을 위한 것이었다. 그리고 그는 조금 더 특별한 프로그램을 하나 도입했다. 바로 TED프라이즈다. TED프라이즈는 '세상을 바꾸려는' TED콘퍼런스의 면모를 가장 확실하게 드러내 준다.

TED프라이즈는 2005년에 처음 출범했다. 어떤 분야에서든 세상을 좀 더 살기 좋은 곳으로 바꾸기 위해 노력해 온 사람을 수상자로 선정해 10만 달러의 상금을 준다. 여기서 끝나는 게 아니다. TED프라이즈 수상자는 TED콘퍼런스의 메인 세션 연사로 나와 '세상을 바꾸는 한 가지 소원One wish to change the world'을 발표한다.

수상자가 소원을 발표하는 것만으로 프로그램이 끝나는 게 아니다. 가장 중요한 것은 이때부터다. 콘퍼런스 참석자들이 이 소원을 이루기 위해 자신이 할 수 있는 일들을 즉석에서 제안하는 것이다. 여기에는 비즈니스 서비스, 하드웨어와 소프트웨어, 홍보, 출판, 인프라 제공, 조언, 유력 인사에게 소개하는 것 등 모든 종류의 도움이 포함된다.

TED의 새플링재단과 스태프들은 이렇게 TED콘퍼런스 참석자들의 지원 약속을 이끌어 내고, 이를 조직화해서 TED프라이즈 수상자들의 소원이 이뤄질 수 있도록 지속적으로 운동을 전개한다. 또 TED에 관심을 가진 일반인들도 폭넓게 참여할 수 있도록 유도한다. 이렇게 해서 TED프라이즈가 세상을 바꾸는 사회운동으로 연결되는 것이다.

소원을 말해 봐, 세상을 바꾸는

TED프라이즈 수상자들의 TED토크는 TED콘퍼런스의 하이라이트라고 해도 과언이 아니다. 수상자들의 TED토크는 대개 이런 방식으로 이뤄진다. 먼저 수상자가 자신이 활동해 온 분야에 대해 브리핑하고, 이와 관련된 TED프라이즈 위시를 발표한다. 그러면 크리스 앤더슨이 수상자의 소원을 실현하기 위해 할 수 있는 일들의 목록을 예시하고, 청중석으로부터 즉석에서 자발적인 참여 제안을 받는다.

구체적인 예를 들어 보자. 내가 참가했던 2010년 TED콘퍼런스에서 TED프라이즈 수상자는 영국의 스타 요리사 제이미 올리버였다. 그는 영국에서 학교 급식을 건강한 음식으로 바꿔야 한다는 캠페인을 이끈 적이 있는 사회운동가이기도 하다. 그는 현재 미국 어린이들이 먹고 있는 음식이 얼마나 건강에 좋지 않은 것인지를 일깨우고, 어린이들에게 좋은 음식에 대한 교육을 실시해야 한다는 강연을 했다.[60]

올리버는 각종 수치와 사례를 들어 가며 건강한 식생활의 중요성을 강조했다. TED토크가 이뤄지는 시간인 18분 동안에만 미국인 네 명이 음식과 관련된 질병으로 사망하며, 미국 성인의 3분의 2가 과체중이거나 비만이며, 식습관 관련 질환이 미국인 사망 원인 가운데 1위를 차지한다고 했다.

이런 수치보다 더욱 강력한 건 '직접 보여 주기'다. 한 비만 가족이 일주일 동안 먹는 엄청난 양의 패스트푸드, '내가 이런 음식들로 아이들을 죽이고 있었다.'며 눈물짓는 어머니, 패스트푸드에 길들어 신선한 채소의 이름을 모르는 어린이들이 영상으로 소개됐다. 이 동영상은 제이미 올리버와 TED가 오래전부터 이 토크를 얼마나 면밀히 준비해 왔는지 실감하게 했다.

압권은 올리버가 우유에 얼마만큼의 설탕이 들어가는지 보여 주겠다며 설탕을 수레에 한가득 싣고 나와 '하루면 여덟 스푼, 일주일이면 이만큼, 한 달이면 이만큼……' 하는 장면이었다. 그는 마지막 한 수레 분량의 설탕을 모두 바닥에 쏟아 부으며 "어린이 한 명이 초등학교 다니는 동안 우유에서만 이만큼의 설탕을 먹고 있다."고 소리 높였다. 그는 "이런 상황은 누구라도 아동 학대로 판단할 것"이라고 역설했고, 객석에서는 환호성이 터져 나왔다.

그는 제대로 성분 표시를 하지 않는 식품업계, 그리고 건강에 좋든 안 좋든 그저 판매에 여념이 없는 대기업들을 질타한다. 또 학교와 지역 사회에서부터 음식에 대해 가르쳐야 한다고 주장한다. 모든 학생들이 졸업할 때까지 건강한 음식 요리법 열 가지를 필수적인 생존 기술로 익히도록 해야 한다고 말한다.

영국인인 올리버가 왜 미국에 와서 이런 얘기를 할까? 그는 자신 역시 아이를 키우는 아버지이며, 미국을 사랑하며, 미국에서 변화가 일어나면 다른 나라들에도 이 변화가 확산되기 쉬울 거라고 생각해서였다고 설명한다. 그리고 자신이 TED에 서게 된 게 이런 변화를 촉발할 수 있는 큰 기회라고 생각한다고 말한다. 객석을 쥐락펴락하던 그가 마지막으로 밝힌 'TED프라이즈 위시'는 이랬다.

"모든 어린이들에게 음식에 대해 가르치고, 각 가정에서 다시 요리를 시작하고, 세계인들이 비만과 싸울 수 있도록, 여러분의 도움으로 강력하고 지속적인 운동을 펼치는 것."

제이미 올리버의 TED토크는 그 자체로도 매력적이었지만, 더 흥미로운 광경은 이후부터였다. 올리버가 소원을 밝히며 자신의 TED토크를 마치자 크리스 앤더슨이 곧바로 이를 받아 객석을 향해 이야기를 시작한다. 앤더슨은 "올리버의 이 소원을 이루기 위해 무엇이 필요한지 고민해 봤다."면서, 사무실 공간과 집기, 이동식 조리 차량, 창의적인 교육 자료, 미디어의 관심, 웹사이트, 정직한 성분 표시제를 실시하는 기업의 후원 등등 몇몇 예를 들어 보여 준다.

"자, 여러분은 어떻게 도와주시겠습니까?"

객석에서 청중들이 너도나도 손을 들고 나서기 시작했다. 버스와 트럭을 제공하겠다는 사람, 뉴욕에서 슈퍼마켓을 운영하는데 캠페인에 참여하겠다는 사람, 현금 만 달러를 기증하겠다는 사람, 의회에서 영향력 있는 정치인 친구를 소개해 주겠다는 사람, 웹사이트를 만들어 주겠다는 사람, 어린이 잡지에 관련 내용을 소개해 주겠다는 사람, 마케팅 연구소에서 일하는데 무료로 시장 조사를 해 주겠다는 사람……. 여기저기서 다양한 제안들이 쏟아졌다. 모두 자기 위치에서, 자기가 할 수 있는 일들을 이야기하고 있었다.

개인적으로는 TED콘퍼런스에 참석해서 가장 큰 감동과 전율을 느꼈던 순간이다. 바로 TED모멘트였다! TED콘퍼런스의 진가가 나타나는 순간이기도 하다. TED프라이즈 수상자의 열정적인 TED토크는 청중의 마음을 움직이고, 청중은 세상을 바꾸는 소원을 이루는 데 자발적으로 동참하게 된다. TED콘퍼런스에서 논의된 내용이 그저 TED커뮤니티 내부에 머무르지 않고, 세상을 더 나은 곳으로 바꾸기 위해 적극적으로 활용되는 것이다.

소원 성취 프로젝트

TED콘퍼런스가 끝나도 TED프라이즈 위시를 이루기 위한 운동은 계속된다. TED프라이즈 팀은 콘퍼런스 참가자들에게 지속적으로 이메일을 보내 TED프라이즈 위시를 이루기 위한 일들이 어떻게 진행되고 있는지를 알려 준다. 2010년 TED프라이즈 팀은 제이미 올리버의 소원을 이루기 위해 할 수 있는 일들을 2000가지 이상 제안 받았다고 한다. 콘퍼런스가 끝나고 처음 TED프라이즈 팀으로부터 날아 온 메일은 제이미 올리버의 '급식 혁명'을 돕기 위해 누구나 당장 실천할 수 있는 간단한 방안을 이렇게 제시했다.

1. 당신이 페이스북을 사용한다면

프렌치프라이가 아니라 신선한 음식을! 학교 급식을 개선하기 위한 청원에 서명해 주세요. 이 메시지를 당신의 페이스북 '상태'에 올려주세요.

2. 당신이 트위터를 사용한다면

프렌치프라이가 아니라 신선한 음식을! 학교 급식을 개선하기 위한 청원에 서명해 주세요. #foodrevolution으로 리트윗 부탁드려요.

3. 당신이 이메일을 사용한다면(당연히 그렇겠죠! 지금 이 메시지를 읽고 있으니까요), 다음을 친구, 가족, 동료들에게 보내주세요.

"저는 음식 혁명 운동에 동참했습니다. 여러분도 참여해 주세요. 미국인의 식생활을 바꾸기 위해 당신의 도움이 필요합니다. 미국 어린이들은 모두 신선하고 영양가 있는 급식을 먹을 권리가 있고, 모든 미국의 가정들은 진짜 정직하고 건강에 좋은 음식을 먹을 자격이 있습니다. 미국인들의 요리법과 학교 급식을 개선하기 위한 청원에 서명해 주세요. 이 메시지를 다른 사람들에게도 전달해 주세요."

페이스북과 트위터 등 요즘 확산되고 있는 SNS^{Social Networking Service}는 이렇게 제이미 올리버의 음식 혁명 운동에 대한 관심을 이끌어 내는 데 훌륭한 도구로 사용된다. 많은 사람들이 이 메시지를 실어 나르고, 많은 사람들의 관심을 이끌어 낼수록, 올리버의 음식 혁명이 효과를 거둘 가능성은 높아진다.

TED프라이즈 팀은 이후 보내온 이메일을 통해, 올리버의 '음식 혁명' 웹사이트를 소개하고,[61] 이 웹사이트에서 건강한 식생활을 위한 조리법을 내려 받을 수 있다고 전했다. 이 웹사이트 역시 올리버의 '세상을 바꾸는 소원'을 함께 이루려는 사람들의 자발적인 후원으로 만들어졌다.

웹사이트에 들어가 보니, 요리하고 싶은데 어떻게 시작할지 모르는 사람을 위한 요리법, 어린이와 함께하는 요리법, 초콜릿 우유와 딸기 우유 같은 가공 우유에 함유된 설탕의 양에 대한 자료, 학교 급식을 변화시키고 싶은 사람들을 위한 행동 강령이 소개돼 있었다.

행동 강령이라고 해서 거창한 것들이 아니다. 학교 음식을 바꾸려는 사람들을 위한 점검 포인트(급식에 과일과 야채가 포함되는지, 정크 푸드는 없는지, 신선한 재료를 사용하는지 등)를 제시하고, 문제가 있을 경우 적극적으로 변화를 요구하라는 내용을 담았다. 학교 급식을 개선하기 위한 대정부 청원에 참여해 달라는 내용도 있다. 가공 우유 자료를 인쇄해 주변 학부모들에게 알려 달라는 부탁도 곁들였다. 모범적인 학교 급식 요리법을 제공하는 사이트도 소개해 놓았다.

2011년 TED콘퍼런스에서는 제이미 올리버의 소원을 이루기 위한 운동의 진행 상황이 발표됐다. 제이미올리버푸드파운데이션이 새로 출범했고, 제이미 올리버와 미국심장협회가 공동으로 '음식 혁명 부엌Food Revolution Kitchen'이란 이름의 지역 교육 센터들을 뉴욕과 로스앤젤레스, 클리블랜드, 볼티모어, 댈러스에 개장하기로 했다. 이 센터에서는 지역 주민들이 싸고 영양가 높은 음식을 만드는 방법을 교육받게 된다.

또 이동 교육 센터인 '음식 혁명 트럭Food Revolution Truck'도 활동을 시작했다. 록웰그룹[62]이 재능 기부로 디자인한 트럭이다. 이 트럭은 요리 장비를 갖추고 지역을 돌아다니며 어린이와 부모, 그리고 요식업 종사자들에게 건강한 요리법을 전수한다. 모두 TED커뮤니티에서 나온 제안들이 실현된 것이다.

아직 한국에서는 미국만큼 비만 문제가 심각하지는 않지만, 가공 식품이 범람하고 어린이 비만이 점점 큰 문제로 떠오르는 중이다. 건강한 음식의 중요성을 강조하는 제이미 올리버의 운동은 한국 청중들에게도 충분히 공감을 불러일으킬 수 있을 것 같다. 무엇보다 세상을 보다 살기 좋은 곳으로 바꾸려는 그의 열정이 매력적이다. 미국에서 일어나는 일이지만 관심을 갖지 않을 수 없다.

올리버의 소원을 이루기 위한 과정은 지금도 진행 중이다. 2013년 2월 현재, 전 세계에서 80만 명이 건강한 식생활을 위한 '음식 혁명' 운동에 지지 서명을 했다. 올리버의 소원은 올리버 혼자서 이루는 것이 아니다. 그의 소원은 TED라는 플랫폼을 거쳐, 많은 사람들의 참여 속에 차근차근 이뤄지고 있었다.

이렇게 TED프라이즈는 시상에서 끝나는 게 아니라, 청중에게 행동을 요구한다. 행동은 변화의 씨앗이다. TED는 변화의 씨앗을 틔우고 이 씨앗은 세상에 널리 퍼져 다른 수많은 사람들의 참여를 이끌어 낸다. 참여와 행동이 세상을 바꾼다. TED가 '세상을 바꾸는 콘퍼런스'로 불리는 이유다.

TED프라이즈, 더 크게 꿈꿀 차례

제이미 올리버가 수상한 2010년은 TED프라이즈 수상자를 매년 한 명씩으로 줄이면서 약간의 변화를 겪었던 해다. TED는 수상자의 소원을 이루기 위해 좀 더 집중적으로 노력을 쏟으려는 조치였다고 밝혔다. TED프라이즈가 처음 제정됐던 2005년부터 2009년까지는 매년 10만 달러의 상금을 받는 수상자가 세 명씩 배출됐다. 다양한 분야에서 수상자가 나왔는데, 이들의 소원은 환경, 생명, 박애주의에 관련된 것들이 많다. 역대 TED프라이즈 수상자 목록과 이들이 이루고 싶어 했던 소원들을 정리하면 다음과 같다.

연도	수상자	TED프라이즈 위시
2005	로버트 피셀 (의료 기술 발명가)	뇌 질환의 새로운 치료법을 발견하는 것
	보노 (그룹 U2 멤버. 사회운동가)	아프리카를 위한 사회운동
	에드워드 버틴스키 (사진작가)	전 지구적인 지속 가능성
2006	래리 브릴리언트 (의사. 병리학자)	질병이나 재해에 대한 전 지구적인 경보 시스템
	제헤인 누자임 (다큐멘터리 영화감독)	영화를 통해 전 세계가 하나 되기
	캐머런 싱클레어 (건축가)	오픈 소스 디자인
2007	빌 클린턴 (정치인. 사회운동가)	르완다에 더 나은 미래를
	에드워드 윌슨 (생물학자)	지구의 생물다양성 보호
	제임스 나흐트웨이 (사진작가)	디지털 시대. 보도사진의 힘 알리기
2008	데이브 이거스 (작가)	학교 개혁 운동 확대
	캐런 암스트롱 (종교 사상가)	「공감의 헌장(Charter for Compassion)」 제정
	닐 투록 (우주학자)	아프리카의 '아인슈타인' 육성
2009	실비아 얼 (해양학자)	해양 환경 보호
	질 타터 (천문학자)	우주 생명체 탐사 노력에 참여 확대
	호세 아브레우 (사회운동가)	'엘 시스테마'(음악 교육 시스템) 확대

2010년에는 앞서 쓴 대로 제이미 올리버가 수상자였다. 2011년에는 거리 아티스트인 JR이 TED프라이즈 수상자로 선정됐다. JR에게는 거리가 작업실이요 미술관이다. 그는 거대한 사진 작품을 마을 주민들과 함께 붙여 쇠락한 마을의 외관을 바꾸고, 이스라엘과 팔레스타인에서 각각 같은 직업을 가진 사람들의 얼굴을 나란히 대비하는 작업을 통해 정치적인 갈등이 얼마나 부질없는 것인지를 보여 주기도 한다. 갈등과 빈곤이 만연한 곳에서 그의 사진 작품들은 상당한 파장을 불러일으켰다.

JR의 TED프라이즈 위시는 '세계의 많은 사람들이 직접 글로벌 아트 프로젝트에 참여할 수 있도록 하는 것'이었다. 평범한 사람들의 일상에 예술을 불어넣고, 이를 통해 세상을 구석구석까지 Inside out 변화시키자는 것이다.[63]

글로벌 아트 프로젝트에 참여하는 방법은 그리 어렵지 않다. 먼저 일반인들이 흑백의 얼굴 사진을 웹사이트에 올린다. 이 사진은 자신이 하고 싶은 이야기, 지키고 싶은 가치를 대변하는 매개체가 된다. 그러면 이 사진은 대형 포스터로 만들어져 되돌아온다. 이 포스터를 적당한 곳에 붙여 '전시'하면 된다. 즉 참여자들은 스스로 만든 작품을 전시하게 되는 것이다.

2011년의 TED프라이즈 위시는 보통 사람들의 '참여'가 핵심인 프로젝트였다. 크리스 앤더슨이 말했듯 이는 "모두가 자신이 살고 있는 지역에서 무언가를 할 수 있는 첫 번째 TED프라이즈 위시"

였다. 이해에도 여느 때와 마찬가지로, TED프라이즈 수상자가 소원을 밝힌 후 즉석에서 어떤 식으로 돕겠다는 객석의 제안을 받았다. '전시 공간이나 사무실 공간을 제공하겠다', '특정 지역의 전시 비용을 대겠다', 혹은 '구글 스트리트 뷰에 작품들을 노출하겠다', '이 프로젝트를 다큐멘터리 영화로 찍을 수 있도록 지원금을 주겠다.' 등등의 제안이 나왔다.

2012년의 TED프라이즈 수상자는 더욱 파격적이었다. 아니 수상자라고 하기도 어렵겠다. 이해에 TED프라이즈는 사상 처음으로 사람이 아니라 아이디어에 돌아갔으니까. 이름하여 '시티 2.0^{The} $^{City\ 2.0}$'. 시티 2.0은 미래의 도시다. 혁신과 교육, 문화와 경제적 기회가 있는 곳이다. 환경적으로도 지속 가능하고, 아름다움과 놀라움과 흥분, 다양성, 포용, 삶이 있는 곳이다.

이전까지 TED프라이즈 수상자는 상금 10만 달러를 받고 세상을 바꾸기 위한 소원을 발표했지만, 시티 2.0이라는 '아이디어'가 상금을 받을 수는 없는 일. 그래서 TED는 '시티 2.0'이라는 아이디어를 실현하기 위해, 우리가 사는 도시를 더 나은 곳으로 바꾸기 위해 애쓰는 세계 곳곳의 운동가들에게 만 달러씩의 보조금을 수여하기로 했다.

TED가 만 달러씩 지원한 수상작들은 영국과 호주, 파키스탄과 브라질에서 추진되고 있는 프로젝트들이다. 플라스틱 병을 이용해 어린이들을 위한 놀이공원을 만들거나, 소음 가득한 도시에서 내성적인 사람이나 장애인들, 혹은 고요함을 원하는 이들을 위해 조용한 공간을 표시한 지도를 집단 지성으로 제작하거나, 부족하거나 혼란스러운 도로 표지판을 개선하는 프로젝트 등이 포함됐다. 거대하진 않더라도 작은 변화로 도시민의 삶을 바꿔 놓을 수 있는 아이디어에 힘을 실어 주는 것이다. 이 프로젝트를 주도하는 사람들은 각국의 TEDx 오거나이저나 TED펠로인 경우가 꽤 된다.

2013 TED프라이즈는 더 큰 변화를 겪게 된다. 크리스 앤더슨은 2012년 6월 28일, TED프라이즈에 새로운 장이 시작된다고 발표했다. 2013년부터는 TED프라이즈의 상금이 이전의 열 배인 100만 달러로 오른다. 이전에는 TED프라이즈 수상자를 먼저 결정하고, 이 수상자가 나중에 TED프라이즈 위시를 발표했지만, 2013년부터는 이미 큰 소원을 갖고 있는 개인에게 상이 수여된다.

개인보다는 소원과 아이디어에 더 중점을 두고 있으며 보다 많은 사람들의 참여를 요구한다는 점에서 최근 몇 년 사이 TED프라이즈에 일어난 변화와 맥을 같이한다. 그리고 상금이 열 배가 된 만큼 스케일도 훨씬 더 커졌다. TED프라이즈 홈페이지 대문에 쓰인 것처럼 '더 크게 꿈을 꾸라는 것Dreaming bigger'이다.

TED프라이즈 후보작이 되기 위해선 자천, 타천 둘 다 가능하다. 직접 지원하는 경우에는 세계를 바꿀 수 있는 소원을 설명하는 제안서를 제출해야 한다. TEDx 오거나이저나 TED펠로 같은 기존의 TED커뮤니티 멤버뿐 아니라 누구든지 지원할 수 있다. TED프라이즈 사무국은 이 후보자들을 경력과 제안서 내용 등으로 심사해 100명으로 추리고, 구체적인 실행 계획을 제출 받아 최종 심사에 들어간다. 최종 수상자는 2013년 TED콘퍼런스에서 발표된다.

TED프라이즈 웹사이트에 들어가면 과거 수상자들의 소원과 관련된 프로젝트들이 지금도 진행 중인 것을 볼 수 있다. 수상자의 면면이 다양했던 만큼, 이 프로젝트도 무척 다양하다. JR의 '인사이드 아웃Inside Out', 제이미 올리버의 '음식 혁명', 호세 아브레우Jose Abreu의 '엘 시스테마 USA', 캐런 암스트롱Karen Armstrong의 '공감의 헌장', 닐 투록Neil Turok의 '차세대 아인슈타인 이니셔티브Next Einstein Initiative', 에드워드 버틴스키Edward Burtynsky의 '더 그린스The Greens' 등 여러 분야를 아우르고 있다. TED의 창립자 리처드 솔 워먼이 '크리스 앤더슨의 TED는 유엔이다.'라고 한 게 새삼 실감난다.

TED프라이즈 수상자는 세상을 바꿀 수 있는 능력을 갖춘 사람이다. 곧 전도사이며 혁신가이며 선구자이며 촉매자이며 영감을 주는 사람이어야 한다. TED 사무국에서는 TED프라이즈 수상 요건을 다음과 같이 밝혔다.

- 뛰어난 경력
- 협력을 이끌어 내고 세계를 바꿀 수 있는 소원을 분명히 밝힐 수 있는 능력

- 다른 사람들을 이끌 수 있는 비전과 카리스마
- 100만 달러 예산을 운용하고 다년간의 프로젝트를 실행할 수 있는 능력
- TED와 TEDx 커뮤니티 양쪽으로부터 고루 지지를 이끌어 내려는 의지

2011년 TED프라이즈 수상자 JR은 처음 자신이 수상자로 결정됐다는 말을 들었을 때 '나는 세상을 구원할 수 없다.'고 생각해 사양하려 했지만, 'TED프라이즈로 세상을 구원하려는save 게 아니라 변화시키려는change 것이다.'라는 설명을 듣고 상을 받아들이기로 했다고 말했다. 그는 '예술은 인식을 바꾸고 세상을 보는 방식을 바꾼다.'며 많은 일반인들에게 예술 프로젝트에 동참하기를 촉구했다.

앞으로 TED에서는 또 어떤 '세상을 바꾸는 소원'이 나올까. 이 소원은 어떻게 이뤄질까. 확실한 것은 지금까지도 그랬지만, 앞으로는 더욱더 많은 사람들의 참여를 이끌어 내는 방식으로 더 좋은 세상을 만들기 위한 TED의 '운동'이 벌어질 것이라는 점이다. 기대해 보자.

TED 피플 5   음식 혁명가, 제이미 올리버

개인적으로도 나는 제이미 올리버의 팬이다. 2007년 여름부터 1년간 영국 연수를 하면서 제이미 올리버의 프로그램을 즐겨 봤다. 올리버가 하는 요리는 거창하거나 어려워 보이지 않았다. 음식 재료를 테이블에 좀 흘리기도 하고, 손에 뭐가 묻으면 그냥 앞치마에 쓱쓱 닦는 모습이 친근하게 느껴졌다. 그가 사회운동가이기도 하다는 사실을 알고는 호감이 커졌다.

런던에 있는 올리버의 레스토랑 '피프틴Fifteen'에는 문제아 15명을 요리사로 거듭나게 한 사연이 있다. 올리버는 또 영국의 학교 급식에도 혁명을 일으켰다. 영국의 2~15세 어린이 가운데 비만율이 30퍼센트에 이른다고 한다. 올리버는 치킨 너겟과 햄버거, 피자, 감자튀김 같은 고지방·고열량 식품이 대부분인 학교 급식에 주목했다. 그는 신선하고 좋은 재료로 만든 건강한 음식을 어린이들에게 먹여야 한다며 학교 급식을 바꾸자는 운동을 시작했다.

제이미 올리버의 급식 개혁 운동은 영국 사회의 폭넓은 지지를 이끌어 냈다. 이 결과, 영국 정부는 학교 급식에 지원을 늘리기로 결정하고, 학교 급식 식단에서 정크 푸드를 금지하게 된다. 이때가 2006년 가을이었다. 나도 영국에 살면서 아이들을 영국 학교에 보냈으니, 급식을 건강한 음식으로 바꾼 제이미 올리버의 덕을 본 셈이다.

제이미 올리버 인터뷰는 2010년 TED콘퍼런스에서, TED프라이즈 수상 강연 직후에 이뤄졌다. 그의 강력한 TED토크, 그리고 이어진 청중들의 참여 열기에 콧날이 시큰해질 정도로 감동을 느낀 후였다. 반갑게 인사하며 한국 방송국인 SBS에서 왔다고 했더니, 깜짝 놀라면서 "한국? 거기서도 나를 아는 사람이 있어요?" 했다.
"그럼요, 한국에서도 유명해요. 책도 나와 있고, 프로그램도 방영됐다니까요."
"정말이에요? 언젠가 한국에 한번 가야겠네요." (실제로 그는 2년 후 한국에 다녀갔다.)
제이미 올리버는 이날 여러 매체와 인터뷰를 하느라고 나에게 할당된 시간은 길지 않았다. 짧은 인터뷰였지만, 세상을 더 나은 곳으로 바꾸려는 열정으로 가득한 TED피플로서, 올리버는 나에게 깊은 인상을 남겼다. "변화와 희망의 씨앗을 심고 마법 같은 일들을 이뤄낸다."는 그의 말에 귀가 번쩍 뜨였다. 이게 바로 TED에서 일어나는 일들인 것이다!

오늘 당신이 밝힌 소원이 무엇인지, 다시 한번 설명해 주시겠어요?

오늘 제가 TED에서 밝힌 소원은, 어린이들을 대상으로 한 건강한 식생활 교육 운동을 지속적으로 벌이고, 각 가정에서 다시 요리를 시작하게 하고, 음식을 통해 비만과 건강 문제를 해결하는 것입니다. TED에 참석한 많은 리더들과 함께 이 일을 해 나가는 건 정말 흥미로울 겁니다. TED에서 상을 받고, 이렇게 제 소원을 밝힐 수 있어서 정말 기쁩니다. 잘될 거라고 믿어요. 어떤 일이 벌어질지 기대해 보죠.

당신의 소원에 대한 열렬한 반응을 우리는 오늘 이 자리에서 목격했습니다. 이 소원은 어떻게 이뤄질 거라고 생각하세요?

제 생각에 저는 좀 특이한 사람이에요. 항상 일이 잘될 거라는 믿음을 갖고 있죠. 개인적으로 이제는 미국이 잘못된 것들을 걸러낼 시간이라고 생각합니다. 어렵지 않을 거예요. 아주 간단한 일이죠. 낡은 생각을 버리고 새로운 생각을 전면에 내세우면 됩니다. 미셸 오바마^{Michelle Obama}의 열정과 꿈은 꼭 실현되어야 합니다.[64] 변화를 이끌어 내려면 미국 대중의 관심과 경제계의 지원이 필요하고 의회가 지지해야 합니다. 이제 시작해야 해요. 이런 일들은 원한다고 해서 바로 이루어지는 것은 아니죠. 제가 하고 있는 일, 그리고 TED가 하는 일이 바로 이런 변화와 희망의 씨앗을 심고 마법을 이뤄 내는 거죠.

당신이 '음식 혁명'에 관심을 갖게 된 계기는 무엇이었나요? 지금의 당신은 요리사이자 사회운동가이기도 하죠. 무엇이 당신을 운동가로 만들었나요?

사실 처음부터 '나는 운동가가 되어야겠다.'라고 생각했던 것은 아닙니다. 저는 그저 텔레비전 요리 프로그램을 했고, 이건 제 커리어의 시작으로 더할 나위 없이 좋았죠. 그러다 차츰 저는 문제점을 알게 됐고, 불만을 갖게 됐고, 이걸 얘기하기 시작했는데, 반응이 엄청났어요. 사람들이 지금까지와는 다른 방식으로 쇼핑하게 되고, 저와 의견을 같이하고, 그 이상을 원하기도 했어요. 저는 이런 식으로 제 자신을 찾아 온 것 같아요. 당시에는 제가 또 다른 소명을 찾았다는 사실을 몰랐어요. 이렇게 되기를 바랐던 적도 없고요. 그냥 자연스럽게 일어난 거예요.

저는 10년 동안 제가 텔레비전에서 할 일을 해 왔을 뿐이고 그동안 저의 신조는 '무슨 일이 있어도 대중 앞에서 거짓말을 하지 말자.'였습니다. 제가 텔레비전에 나와서 얘기를 시작하는 건, 정말 바람직하고 중요한 일이기 때문입니다. 그러니 제가 만약 "좀 들어 주세요."라고 이야기하면, 사람들은 보통 "네, 무슨 일이에요?" 하고 반응했어요. 그렇게 해서 저는 영국에서 몇 가지 운동을 벌였어요.

솔직히 말해서 제가 영국에서 학교 급식 캠페인을 할 때, 제가 조사한 것 중 최고와 최악의 사례가 모두 미국 얘기였어요. 그래서 저는 미국의 식생활에 대해 굉장히 많은 조사를 했죠. 미국인들에게

이 이야기를 적어도 5년가량 해 온 것 같네요. 그렇지만 미국인들의 식생활에 대해서 그 어떤 이도 관심을 갖지 않았어요. 그러다가 지난해부터 조금씩 변화가 보이기 시작했죠.

전 아무래도 행운아인 것 같아요. 미국의 가장 영향력 있는 채널인 ABC의 황금 시간대 프로그램에 나오게 됐고,[65] TED콘퍼런스에서 이런 이야기를 할 수 있는 기회를 얻게 되었잖아요. 정말 신나요.

6장
확장하는 TED: TEDx, TED액티브

TED는 문어발이다. TED 브랜드는 끊임없이 확장되고 있는데, 대표적인 사례가 국내에서 많은 사람들이 TED 메인 콘퍼런스와 혼동해 쓰는 TEDx다. 이 밖에도 TED액티브, TED글로벌, TED인디아, TED위민, TEDMED 같은, TED에서 파생된 형제자매 콘퍼런스가 많다. TED에드, TED북스처럼 TED 브랜드를 사용하는 새로운 프로젝트도 시작되었다. 물론 이 모든 것들의 원조는 매년 2월 미국 캘리포니아 롱비치에서 열리는 TED콘퍼런스다. 그러나 TEDx나 TED액티브는 최근 TED의 변화를 이끌어 가는 주된 동력으로 떠오르고 있다. 먼저 TEDx부터 살펴보자.

TEDx: 전 세계에 TED를!

TEDx의 출범은 TED토크 온라인 무료 공개와 더불어, 전 세계에 TED 열풍을 몰고 온 가장 중요한 계기로 꼽힌다. TEDx는 한마디로 말하자면, 세계 각지에서 열리는 TED 스타일의 소규모 콘퍼런스다. TED로부터 라이선스를 받아 각 지역에서 독립적으로 개최되는 행사다.

크리스 앤더슨은 2009년 TEDx라는 이름으로 전 세계에 TED 브랜드를 오픈한다. 전 세계 누구든 TEDx 라이선스를 취득하면 TED 같은 행사를 스스로 개최할 수 있게 된 것이다. 앤더슨은 TEDx 출범의 이유를 묻는 내게 이렇게 대답했다.

"우리 미션은 '가치 있는 아이디어들의 확산Ideas worth spreading'입니다. 그런데 우리는 단 한 개의 콘퍼런스만 할 수 있죠. 전 세계에서 더 많은 사람들을 우리가 원하는 만큼 불러올 수가 없어요. 그래서 브랜드를 개방한 거예요. '여러분이 직접 하세요!' 한 거죠."

TEDx 첫 이벤트는 미국 서던캘리포니아대(남가주대)에서 열린 TEDxUSC다. TEDxUSC의 창립자는 서던캘리포니아대의 스티븐스혁신센터 소장인 크리스티나 홀리Krisztina Holly. 그녀는 2007년 앤더슨과 만난 자리에서 서던캘리포니아대에서 TED 스타일의 이벤트를 독립적으로 열어 보고 싶다고 제안했다. TED의 경험을 더 많은 사람들에게 전파하고 싶다는 생각에서였고, 앤더슨은 이 아이

디어를 흔쾌히 받아들였다.[66]

아이디어가 현실이 되기까지는 시간이 좀 걸렸다. 그동안 TED팀에는 TEDx 디렉터인 라라 스테인Lara Stein이 새로 합류했다. 첫 TEDx 행사인 TEDxUSC 2009는 3월 23일 열렸다. 2009년도 TED콘퍼런스의 토크 네 편이 상영됐고, 여덟 명의 연사가 강연했으며, 뮤지션들의 공연과 서던캘리포니아대 학생들이 만든 단편영화도 선보였다. TEDxUSC가 열리는 동안 관련 트윗 수가 2500개에 이르면서 당시 트위터의 최고 인기 트렌드가 되었다. 청중은 1200명에 이르는 성황을 이뤘다.

TEDxUSC는 TEDx 사상 첫 행사로서 TEDx에 모델을 제공했다. 서던캘리포니아대학은 TED와 합의에 따라 프로그램 구성과 연사 선정, 리허설, 청중 구성, 홍보와 촬영 등 행사 진행 전반을 기록한 문서를 베스트 프랙티스Best Practices라는 이름으로 작성했다. 그리고 이 문서를 공개해 TEDx 이벤트를 기획하고 싶어 하는 사람이라면 누구나 참고할 수 있도록 했다.[67] TEDxUSC 2009 행사 전반에 관해 자세히 기록한 이 문서는 지금도 구글 문서에서 누구나 다운로드해 볼 수 있다.

이후 TEDx의 성장세는 아무도 예상하지 못한 것이었다. 출범 3년 만에 130여 개국 1200여 개 도시에서 4300여 개의 TEDx 이벤트가 열렸다. 바로 지금도 어디에선가는 TEDx 이벤트가 열리고 있다고 해도 과언이 아닐 것이다. TEDx의 강연들, 즉 TEDx토크는

2013년 2월 기준으로 2만 5000여 편이나 된다.[68]

TEDx토크들은 TEDx토크 웹사이트와[69] 유튜브 채널에[70] 올라간다. 유튜브 채널의 TEDx토크 조회수는 2013년 2월 현재 7000만을 넘겼다. TEDx토크들 가운데 일부는 TED토크 웹사이트에도 올라 큰 호응을 얻었다. 크리스 앤더슨 자신도 이런 현상에 놀랐다. 그는 《포브스Forbes》와의 인터뷰에서 이렇게 말했다.

"공식적으로, TEDx의 X는 각 지역에서 독립적으로 조직되는 TED 이벤트라는 뜻입니다. 하지만 이 X는 '곱하기'의 X인 것 같아요. TEDx는 TED의 씨앗이 세계 각 커뮤니티에 번져 나가는 데 큰 역할을 했지요. 이런 걸 예전에는 본 적이 없습니다. 정말 놀라운 일이에요."

TEDx 라이선스 취득에 돈은 들지 않는다. 단 정치적 선전에 이용되거나 종교적·상업적인 이벤트로 열 수 없다는 등 TED에서 제시한 조건을 지켜야 한다. TEDx의 주제는 TED처럼 다양한 분야를 망라한다. TEDx의 프로그램은 TED토크 비디오 상영과 자체 연사의 강연이나 퍼포먼스 등으로 구성된다. TEDx 이벤트는 돈을 벌기 위한 것이 아니며, 하루 안에 끝나야 한다. TED콘퍼런스의 포맷을 따라, 연사당 강연의 길이는 길어도 18분으로 제한되고 강연료도 없다.

다양한 종류의 커뮤니티에서 TEDx 이벤트를 연다. TED콘퍼런스가 보다 세계적인 이슈를 다룬다면 TEDx는 각 지역의 고유한 문제들에 집중한다. 마을, 도시, 고등학교, 대학교, 기업, 심지어는 교도소에서도 TEDx가 열린다. 2012년 9월 스페인에서 열린 TEDxSotoDelReal이 바로 사상 처음으로 교도소에서 열린 TEDx 이벤트였다. 연사와 청중은 교도소 수감자와 직원들이었다. 수감자 네 명과 자원봉사자 한 명이 연사로 나섰고, TED토크 동영상을 함께 감상했다.

TEDx 이벤트가 선진국에서만 열리는 건 아니다. 개발도상국에서 열리는 TEDx 이벤트는 특히나 더 배움의 열정과 영감을 제공하는 기회로 작용한다. 그러나 이런 곳에서는 자원과 인프라 부족으로 TEDx 이벤트 준비가 더욱 어렵다. 그래서 TED는 '상자 속의 TEDx^TEDx in a box' 프로젝트를 출범시켰다. 이 아이디어는 케냐 나이로비의 슬럼가에서 열린 TEDx키베라에서 나왔다.

상자 속의 TEDx는 TEDx 이벤트를 열기 위한 최소한의 장비를 간편하게 들고 다닐 수 있는 상자에 집어넣은 것을 말한다. 아이디오^IDEO에서 디자인한 이 상자 속에는 프로젝터와 TED토크 영상을 상영하기 위한 DVD 플레이어, 그리고 음향 장치, 마이크와 사용 설명서 등이 포함돼 있다. 이 상자 하나만 있으면 어느 곳에서나 TEDx 이벤트를 열 수 있게 했다. 이제 TEDx는 '장소를 가리지 않는' 이벤트가 되었다.

TEDx가 이렇게 전 세계적인 현상이 되게 한 촉발제는 TED 토크 무료 공개였다는 점은 앞에서도 말했다. 크리스 앤더슨 이전의 TED는 물론 연사도 청중도 영향력 있는 인사들로 가득한 훌륭한 콘퍼런스였지만, 그 영향력은 콘퍼런스 참가자들에게만 한정된 것이 었다. 그러나 TED토크가 웹에 무료로 공개되고 TED토크의 번역 프로젝트까지 진행되면서 TED는 세계의 많은 사람들과 인연을 맺기 시작했다. TEDx 오거나이저들은 대개 이런 과정을 통해 TED에 매료된 사람들이다.

TEDx 오거나이저들은 TED토크 번역 프로젝트에 참여했던 경험이 있는 경우가 많다. 그들은 자신이 TED토크에서 느꼈던 영감과 감동을 더 많은 사람들에게 전달하고 싶다는 소망에서 번역 봉사에 나선다. '가치 있는 아이디어의 확산'이라는 TED의 미션은 이로써 더욱 충실히 이행된다. 그런데 TED로부터 라이선스를 받아 자신이 반한 TED 같은 이벤트를 직접 주최할 수 있다니, 이 얼마나 더 매력적인가. 많은 TED 팬들이 자발적으로 TEDx이벤트를 만들기 위해 나설 수밖에 없었다.

바로 이 자발성이 TEDx의 성공을 불러왔다. 수많은 TEDx 오거나이저들이 '좋아서' 자신들의 땀과 열정과 시간과, 때로는 돈까지 TEDx 이벤트에 쏟아 넣는다. TED가 비영리이듯, TEDx 역시 비영리 행사다. 돈을 벌기 위해 하는 일이 아니다. 어떻게 하면 내가 여는 TEDx 이벤트를 TED콘퍼런스처럼 많은 사람들에게 영감을 주는 행사로 만들 수 있을까, 어떻게 하면 더 흥미롭고 영감을 주는 연사들을 섭외할 수 있을까. 이런 게 TEDx 오거나이저들의 주된 관심사다.

《포브스》는 TED와 TEDx 모두 성공의 비밀은 사람들에 있다고 분석한다. TED와 TEDx 이벤트가 흥미로운 것은 행사를 만드는 오거나이저들이 흥미로운 사람들이기 때문이다. 그들 자신이 흥미로운 사람들이기 때문에 흥미로운 주제를, 흥미로운 연사들을, 그리고 흥미로운 청중을 끌어들일 수 있다는 것이다.

2장에서 언급한 대로 TED의 '당신도 같이할 수 있다!You can play this game, too!' 정책이 많은 사람들이 자발적으로 움직이게 하는 원동력이다. 사람들은 TED토크를 혼자서 수동적으로 즐기는 데 그치지 않는다. TED토크를 다른 사람들과 공유하고 의견을 나눈다. 번역 작업에 동참해 더 많은 사람들이 이 토크를 즐길 수 있도록 한다. 그리고 마침내 TEDx 이벤트를 직접 기획해 TED 경험을 생산하는 데까지 이르기도 한다.

TEDx의 규모나 성격은 수십 명이 참가하는 소규모 살롱 같은 행사에서부터, 1000명 이상이 참가하는 대형 콘퍼런스까지 다양하다. TEDx암스테르담 같은 몇몇 이벤트들은 연사들의 경력이나 토크의 수준이 TED 메인 콘퍼런스 못지않고 스케일도 굉장히 크다. 물론 TEDx 이벤트가 모두 다 수준 높은 콘퍼런스인 것은 아니다. 행사별로 연사나 프로그램, 진행 수준에 편차가 있다.

TED는 TEDx 행사의 가이드라인을 제시하고, 이에 따라 라이선시들을 관리한다. 하지만 전 세계에서 독립적으로 개최되는 수많은 행사들을 일일이 모니터하기는 쉽지 않다. TEDx 출범 당시 TEDx가 잘못하면 TED 브랜드 자체에도 손상을 입히는 게 아닌가 하는 걱정이 나왔던 것도 이 때문이다. 하지만 크리스 앤더슨은 "처음 시작할 때는 TEDx가 브랜드를 죽이는 게 아닌가 하는 우려가 나왔던 것도 사실이지만 그런 일은 일어나지 않았다."고 단언한다. "물론 백에 하나 정도는 부정적인 경우도 있겠지만, 이는 극히 일부이며 전반적으로는 엄청난 성공을 거뒀다고 생각한다."고도 했다.

TED에서 TEDx의 중요성은 갈수록 커지고 있다. TED는 TEDx로 형성된 네트워크를 TED의 진화에 적극적으로 활용하고 있다. TEDx 오거나이저 중에 TEDx 대사를 선정해 각 지역에서 자율적으로 이벤트를 관리하고 TED 정신을 널리 알리는 역할을 맡긴다. 많은 TEDx 오거나이저들은 '가치 있는 아이디어 확산' 네트워크의 구심점이 되고 있다. 이들은 2012년 전 세계에서 열린 TED 연사 오디션을 각국에서 주관했고, 변화한 TED프라이즈를 이끌어가는 주된 동력이다.

TEDx 오거나이저들은 각각 별개의 행사 기획자에 머무르지 않고, 정기적으로 모여서 연대할 기회를 가진다. TED액티브에서 그리고 다른 장소에서도 정기적으로 오거나이저 워크숍을 연다. 그리고 여기서 가치 있는 아이디어를 나누고, 이 아이디어를 어떻게 실행에 옮겨 세상을 더 살기 좋은 곳으로 바꿀 수 있을지 열정적으로 토론한다. TEDxUSC 오거나이저 중 한 명인 이언 머피Ian Murphy는 이렇게 말한다.

> "우리가 한자리에 모이면 마치 유엔 총회 같아요. 서로의 경험과 이야기를 나누고, 자연스럽게 협력이 이뤄지고, TED를 더 훌륭하게 만들기 위해 함께 노력하는 장이 만들어집니다."[71]

TED액티브: '진짜 TED'가 있는 곳

TED액티브는 TED콘퍼런스가 열리는 기간에 롱비치에서 두 시간 거리에 있는 팜스프링스에서 동시에 진행된다. TED액티브는 2009년에 처음 시작됐다. 연사와 강연 프로그램은 TED콘퍼런스와 동일하다. TED액티브는 TED콘퍼런스를 HD화질로 생중계하기 때문이다. 그러나 단순히 TED콘퍼런스 생중계를 보는 것에 그치지 않는다. TED액티브는 그 이상이다.

TED액티브는 "TED에서 전파되는 아이디어와 열정을 실제로 실현하고, 행동으로 옮길 수 있는 젊은 사람들을 한자리에 모으기 위해 기획된 이벤트"[72]다. 전 세계의 TED토크 번역 자원봉사자들, TEDx 이벤트 오거나이저들, TED프라이즈에 대해 훌륭한 의견을 제시한 사람들, TED펠로 등 TED커뮤니티에서 적극적으로 역할을 수행하는 사람들이 참가한다. TED콘퍼런스 참가자들 중엔 대기업 CEO가 많다면, TED액티브는 과장·차장 같은 중간 관리자급이 많다. 관심사가 비슷하고 젊고 열정적인 사람들이 한자리에 모이는 만큼 이름처럼 '액티브'하다.

TED콘퍼런스 도중에는 TED액티브가 열리고 있는 팜스프링스의 현장을 연결하는 순서가 꼭 있다. TED콘퍼런스도 격식 따지지 않고 편안한 분위기에서 진행되지만, TED액티브는 더 캐주얼하고 발랄하다. TED콘퍼런스는 객석이 쭉 늘어선 공연장 안에서 열리지만, TED액티브는 참가자들이 삼삼오오 여기저기 흩어진 소파나 벤치에 앉아 함께 흥미진진한 영화 한 편을 보는 듯한 분위기다.

TED콘퍼런스 역시 참가자들 간의 교류를 중요하게 여기지만, TED액티브에서는 좀 더 친밀하고 가족적인 분위기가 조성된다. TED액티브에서 참가자가 홀로 다니는 건 상상하기 어렵다. 참가자들은 팜스프링스의 명소를 돌아보는 투어 프로그램에 함께 참여하게 된다. 식사 시간에도 여섯 명씩 짝을 지어 가지 않으면 음식을 받을 수 없다. 날마다 파티와 모임이 열린다. TED콘퍼런스에서도 갖가지 사교 행사가 조직되지만, 참가자들의 친밀도는 TED액티브를 따라갈 수 없다. 조를 짜서 사막 한가운데로 지프를 몰고 나가 사막의 밤을 체험하는 등 통상적인 모임과는 다른 특별한 체험들이 이어진다. TED액티브의 가장 큰 특징은 다양한 주제로 열리는 워크

숍이다. 참가자들은 콘퍼런스가 시작되기 한 달 전부터 온라인을 통해 TED액티브 워크숍 주제에 대해 생각을 나눈다. 콘퍼런스가 시작되면 틈틈이 모여 워크숍을 통해 새롭고 창의적인 아이디어와 결과물을 내놓는다. 2012년에는 '혁신적인 아이디어 프로젝트' 참가자들이 카드보드로 'TED액티브 시티' 모형을 만들며 건축가 체험을 했고, '기부 프로젝트' 참가자들은 아무 장식도 없는 신발에 색을 칠하고 꾸며서 지역 아동들에게 기부하기도 했다. 전 세계의 TEDx 오거나이저들이 모여 자신들의 경험을 공유하는 워크숍도 열렸다. TED액티브에서 참가자들이 내놓는 아이디어는 그냥 아이디어에 그치지 않고 기업의 후원을 받아 현실이 되기도 한다. 예를 들자면 2011년 TED액티브에선 각각 '더 나은 교육'과 '더 나은 교통', '지속 가능한 미래', '공공 예술', '소셜 네트워크' 프로젝트가 진행됐는데 이는 각각 여러 기업의 후원을 받았다. 이 중 교육 프로젝트의 아이디어는 TED에드[73] 프로젝트로 연결됐고, 델타항공은 TED액티브 프로젝트의 아이디어를 참고해 비행기 안에서도 인터넷을 사용할 수 있는 인플라이트 와이파이In-flight Wi-Fi라는 새로운 상품을 개발했다.[74]

TED액티브 참가자들은 '가치 있는 아이디어의 확산'이라는 TED의 모토에 마음 깊이 공감하는 사람들이다. 가치 있는 아이디어로 세상을 더 살기 좋은 곳으로 바꿔 나가려는 열정으로 가득 찬 사람들이다. 그러니 참가자 입장에서는 그들이 내놓은 창의적인 아이디어를 현실로 만들 기회를, 기업 입장에서는 단순한 금전적 후원에 그치지 않고 혁신적 아이디어를 기업 경영에 활용할 수 있는 계기를 마련하는 것이다.

TED액티브 참가자들 중에서도 연사가 배출된다. TED액티브 참가자는 TEDYou 프로그램을 통해 자신의 생각을 3분 동안 발표하는 기회를 얻을 수 있다. 이 중에 반응이 좋은 것은 TED토크 웹사이트에 오르기도 한다. 3분은 너무 짧은 시간 아닐까, 3분 동안 무슨 의미 있는 얘기를 할 수 있을까 싶기도 하지만, 실제로 보면 간결하면서도 핵심을 찌르는 이야기들이 많다.

내가 앨 고어의 조찬 세미나에서 만났던 구글의 엔지니어도 바로 이 3분 토크를 했다. '포럼이 세상을 바꾸기 위해 무슨 일을 하는지'를 물었던 그는 2011년 TED액티브에서 구글의 '산타 추적 장치Santa Tracker'를 주제로 이야기했다.[75] 알고 보니 그는 구글어스Google Earth의 탄생에 큰 역할을 한 사람이었고, 구글의 산타 소프트웨어 운용 책임자이기도 했다. 도대체 산타 추적 장치가 뭘까. 그 시작은 이랬다.

1955년 미국의 한 가게에서 어린이들이 산타클로스 할아버지와 통화할 수 있는 특별한 전화번호를 광고했는데, 이 광고 전단에 실수로 가게 전화번호 대신 북미항공우주방위사령부의 전화번호가 실렸다. 그 후 사령부에 어린이들의 전화가 쇄도하자 사령부는 레이더로 추적한 산타의 위치(?)를 어린이들에게 알려 주었고, 그것이 계기가 되어 매년 크리스마스이브에 사령부에서 산타의 위치를 알려 주는 전통이 생겼다.

1998년부터 웹을 통해 추적 서비스를 제공해 온 사령부는 2007년부터는 구글과 제휴를 맺어 산타 추적 서비스를 제공한다. 이제 누구나 매년 크리스마스이브에 구글어스, 구글맵, 유튜브 등을 통해 산타의 이동 경로를 실시간으로 입체적으로 파악할 수 있게 되었다. 전 세계에서 수백만 명이 산타 추적 장치를 통해 산타클로스를 만나고 있고, 구글은 매년 산타 추적 장치의 성능을 향상시키기 위해 노력하고 있다.

정확히 3분간 진행된 그의 이야기를 들으면서 저절로 미소가 떠올랐다. 짧지만 많은 생각을 하게 하는 이야기였다. 산타 추적 장치는 세계의 많은 이들에게, 산타클로스의 존재를 믿든 믿지 않든, 크리스마스의 기쁨을 더해 주고 있는 것이다. 맨 처음 걸려 온 전화를 그저 잘못 걸려 온 전화로만 응대했다면 산타 추적 장치는 탄생하지 않았을 것이다. 선의를 갖고 다르게 생각해 시작한 일이 이렇게까지 발전했다.

이렇게 단 3분의 토크로도 많은 사람들의 공감을 이끌어 낼 수 있다. 세상을 바꾸는 게 그렇게 거창하고 큰일만은 아니라는 느낌이 들었다. 시작은 비록 미약하더라도 세상을 더 좋은 곳으로 바꾸고 싶어 하는 사람들의 마음이 모이면 큰일을 해 낼 수 있겠다는 생각도. TED와 TED액티브에는 이런 사람들이 모여든다.

TED액티브의 참가비는 2500달러이다.(원래는 TED콘퍼런스 참가비의 절반인 3750달러였으나, 2013년은 2500달러로 책정됐다.) TEDx 오거나이저와 TED토크 번역 자원봉사자들은 할인 혜택을 받을 수 있다. 그럼에도 만만한 돈은 아니다. 교통비와 숙박비까지 생각하면 부담은 더욱 커진다. 그런데도 TED액티브의 인기는 날로 높아지고 있다. TED액티브만의 매력이 있기 때문이다. TED액티브 참가자들은 '진짜 TED는 TED액티브에 있다.'고도 한다.

TED의 형제자매 콘퍼런스:
TED글로벌, TED위민, TED메드

크리스 앤더슨의 새플링재단은 TED콘퍼런스를 인수한 후 TED글로벌을 론칭했다. TED글로벌은 TED와 쌍둥이 콘퍼런스로 영국 에든버러에서 매년 여름에 열린다. 영국에서 TED의 쌍둥이 콘퍼런스를 여는 것은 크리스 앤더슨이 영국인이라는 게 큰 이유가 될 것이다.

TED글로벌은 2005년과 2009년에는 영국 옥스퍼드에서, 2007년에는 아프리카 탄자니아에서도 열렸다. TED글로벌은 쌍둥이 콘퍼런스를 표방한 만큼 TED콘퍼런스와 형식이 같다. '글로벌'이라는 단어를 붙인 것은 미국을 벗어난 다른 지역에서 열리는 만큼, 좀 더 국제적인 면모를 지니도록 하기 위해서다. 그래서 TED글로벌은 TED콘퍼런스와는 연사나 청중이 다르고, 당연하게도 비非미국계 연사의 비중을 75퍼센트 정도로 유지하고 있다.(TED콘퍼런스에서는 미국인의 비중이 75퍼센트 정도 된다.) 그러나 TED콘퍼런스와 본질적으로 큰 차이는 없다.

이 외에도 2009년 11월 인도 미소레에서 TED인디아를 열어 남아시아 지역의 이슈를 다룬 적이 있다. 이 지역에 대한 크리스 앤더슨의 관심은 각별한 것으로 보이는데, 인도가 신흥 경제 대국으로 떠오르고 있다는 점도 있지만, 앤더슨 자신이 1957년 파키스탄에서 태어나 인도와 파키스탄 등지에서 어린 시절을 보냈다는 개인사도 작용한 듯하다.

　TED는 여성에 집중한 'TED위민TEDWomen' 콘퍼런스를 열기도 했다. TED위민은 '여성들이 어떻게 미래를 바꾸는가.'를 주제로 2010년 12월 미국 워싱턴에서 열렸다. 나는 TED콘퍼런스에서 만난 여성 참가자들이 TED콘퍼런스가 남성 위주로 진행된다는 아쉬움을 토로하는 것을 들은 적이 있다. 하지만 TED위민은 이름처럼 주제와 연사들 면면에서 여성이 중심인 콘퍼런스로 열렸다. 물론 한스 로슬링과 테드 터너 등 남성 연사도 있었지만, TED콘퍼런스보다는 여성 연사가 훨씬 많았다. TED위민은 TED콘퍼런스와 형식은 똑같이 하되, 이틀간의 일정으로 진행됐다. TED위민에서는 사전에 공개된 연사 명단에 없었던 힐러리 클린턴Hillary Clinton이 깜짝 연사로 등장해 화제가 됐다. 클린턴은 여성에게 균등한 기회와 권리를 보장하는 것은 도덕이나 인도주의, 공정성 차원에서 중요할 뿐 아니라 안보와 번영, 평화와도 연관된 문제라고 강조했다. 그녀는 여성 권익 문제가 며칠 후 미 국무부가 처음으로 발표하는 「4개년 외교개발 정책 검토보고서」의 주요 이슈 중 하나라고 공개하기도 했다. TED위민은 한 차례 행사로 끝났지만, TEDx위민 이벤트가 열려 취지를 이어가고 있다.

TED메드^{TEDMED}라는 이름의 콘퍼런스도 있다. 이름에서 짐작할 수 있듯이 건강과 의학 분야에 집중한 콘퍼런스로 매년 워싱턴에서 열린다. 이 콘퍼런스는 TED로부터 라이선스를 취득해 독립적으로 열린다. TED메드는 1998년 TED의 창립자인 리처드 솔 워먼에 의해 시작됐다. 크리스 앤더슨의 새플링재단이 TED를 인수할 때에도 TED메드에 대한 권리는 워먼이 계속 갖고 있었다.

TED메드는 워먼 이후 몇 차례 다른 사람에게 소유권이 넘어갔다. TED메드에는 의학과 관련 분야 참가자가 1600명에 이르고 저명한 연사들이 TED 스타일로 강연한다. 5000달러에 육박하는 비싼 참가비에도 불구하고 매년 대기 리스트가 긴 인기 콘퍼런스다. TED메드의 강연들은 2010년부터 TED웹사이트에도 올라가고 있다.

평생교육을 향해: TED북스와 TED에드

TED의 브랜드 확장은 계속된다. 2011년 TED는 디지털로 유통되는 TED북스$^{TED\ Books}$를 만들며 TED의 미션인 '아이디어 전파'에 또 하나의 새로운 장을 열었다. TED북스는 한 권당 2만 단어 미만으로 이뤄져 적어도 6만 단어 정도인 일반 도서보다는 짧고 잡지 기사보다는 긴 책들이다. 앉은자리에서 읽어 낼 수 있는 길이지만, 훌륭한 아이디어 하나를 설명하는 데에는 충분하다. 아이폰, 아이패드, 안드로이드폰, 킨들, 혹은 컴퓨터에서도 TED북스를 읽을 수 있다.[76]

크리스 앤더슨은 TED토크의 성공은 많은 사람들이 새로운 아이디어에 목말라 있다는 사실을 보여 준다고 말한다. 하지만 모두가 독서에 긴 시간을 할애하지는 못하기 때문에, 짧은 시간에 읽을 수 있는 TED북스가 이 문제를 해결해 줄 수 있다는 것이다. TED북스의 저자는 TED토크의 연사들이다. TED콘퍼런스에서 전달한 아이디어를 보다 자세하게 책에 담는 것이다. 따라서 TED북스는 TED토크 확장판의 성격을 갖고 있다고 할 수 있다.

TED북스는 새로운 유형의 작가들을 탄생시키고 있다. 일반적인 책 한 권을 쓰는 데에는 많은 시간이 필요하다. 따라서 세상에 알리고 싶은 아이디어를 가진 사람들이라도 책을 쓰는 것은 쉽지 않은 일이다. 하지만 간편한 포맷과 길이를 채택한 TED북스는 아이디어만 명확하다면 아주 짧은 시일 안에도 집필을 마치고 출판될 수 있다. 일반적인 출판 과정을 변화시킨 셈이다.

TED북스는 아마존에서 '킨들 싱글즈'로 발매된다. 아마존은 소설보다는 짧고 잡지 기사보다는 긴 분량의 전자책을 킨들 싱글즈라는 이름으로 판매한다.[77] 음반 산업의 싱글 음반을 연상하면 된다. 킨들 싱글즈는 50쪽 내외의 분량으로 단일 주제를 다룬다. TED북스는 이 킨들 싱글즈 포맷에 딱 맞는 콘텐츠다. 가격은 권당 2.99달러. TED북스 정기 구독자는 한 달에 4.99달러를 내면 된다. 정보 통신 기기를 항상 몸에 지니고 다니며, 바쁘고 산만하고 오래 집중 하지 못하는 이 시대 사람들에게 적합한 포맷인 것이다.

TED에드TED-ED는 2012년 새롭게 시작한 TED의 교육 콘텐 츠 플랫폼이다. '공유할 가치가 있는 수업Lessons worth sharing'이라는 모토를 내걸었다. 애니메이터와 교육자들을 연결해 주제별로 짧고 강력한 교육용 애니메이션을 만들고, 이 영상을 교육 현장의 선생님 들이 수업에 활용할 수 있도록 한 것이다. 학생들을 위한 교육용 자 료이지만, 어른이 봐도 충분히 흥미롭다.

TED에드 웹사이트에는 '역사를 만든 발명들', '아직 아무도 정답을 모르는 질문들', '데이터 시각화', '생활 속의 수학' 등 다양한 주제의 교육용 애니메이션과, 선생님들이 이 영상에 다양한 내용을 덧붙여 진행한 수업 동영상이 올라와 있다.[78] 아직은 베타 서비스 중 이지만, TED에드의 비디오 도서관은 2013년 2월 현재 200개 가 까운 교육용 애니메이션을 보유하고 있고, 계속해서 소장 자료를 늘 려 가는 중이다.

TED콘퍼런스에서 TED북스, TED에드까지, TED 브랜드의 확장은 지금도 진행 중이다. TED는 비영리 단체지만 TED라는 브 랜드의 가치를 경제적 가치로 환산할 수 있다면 엄청날 것이다. 크리스 앤더슨 이후 TED가 어떻게 변했는지, TED의 브랜드 가치가 얼마나 커졌는지를 주제로 한 경영학 강좌가 등장할 때도 된 듯하다. 어찌 됐든 확실한 것은 TED의 변화와 브랜드 확장은 모두 TED의 미션, 즉 '가치 있는 아이디어의 확산'을 더 잘 수행하기 위한 것이라는 점이다.

©TEDx이태원

2010년 TED콘퍼런스에서 만난 후, 2012년에는 서울에서 다시 크리스 앤더슨을 만났다. 두 번째 만났을 때, 그는 TED의 월드 탤런트 서치World Talent Search, 즉 연사 오디션을 위해 서울을 방문 중이었다. 앤더슨은 바쁜 일정 중에도 다시 인터뷰에 응해 주었고, 이제는 한국의 TED 열풍에 대해서도 잘 알고 있다고 했다.

인터뷰는 오디션 전날인 2012년 5월 22일, 그가 묵고 있던 서울의 한 호텔에서 이뤄졌다. 인터뷰를 시작하기 전, 나는 2010년 TED콘퍼런스에 참가했을 때 제이미 올리버의 토크에 깊은 감동을 받았고, 초콜릿 우유와 딸기 우유를 좋아하는 딸들에게 이 토크를 보여 줬다고 이야기했다. 그는 크게 웃으며 딸들이 몇 살인지, 그래서 정말 TED토크가 효과가 있었는지 묻기도 했다. 나는 오래 지속되진 못했지만 얼마 동안은 효과가 있었다고 대답해 줬다.

연사 오디션의 목적은 무엇인가?

우리는 세계 곳곳에서 우리가 만날 수 있는 최고의 목소리를 찾으려고 한다. TED의 미션은 '가치 있는 아이디어의 확산'이다. 아이디어는 세계 어디에서나 나온다. 그래서 14개 도시를 돌아다니며 멋진 재능, 멋진 아이디어를 찾으려고 한다. 그리고 이를 많은 사람들과 나누기 위해 최선을 다할 것이다.

오디션을 진행해 보니 느낌이 어떤가?

놀랍다. 가는 곳마다 매우 다양한 분야에서 뛰어난 사람들이 많아 놀라고 있다. 과학자, 발명가, 예술가, 디자이너…… 정말 대단한 일들을 한다. 지켜보면서 가슴이 뛴다.

TED는 어떤 연사를 선호하는가?

먼저 우리는 어떤 일을 세계 그 누구보다도 잘하는 사람들을 찾는다. 둘째, 이를 많은 사람들과 소통할 수 있는 수단을 갖고 있어야 한다.

TEDx 얘기를 해 보자. 한국에서도 TEDx는 엄청난 인기다. 이런 인기를 처음 시작할 때 예상했었나?

아니다. 예상을 뛰어넘은 것이다. 지금은 하루에 대여섯 개의 TEDx 이벤트가 세계 각지에서 열리고 있는 것 같다. 올해만 2000여 개의 이벤트가 열린다. 왜 그런지 사람들은 이런 식으로 아이디어를 나누는 걸 좋아한다. 사람들을 모으고, 연사들을 섭외하고, 행사장을 잡고, 행사 결과를 보면서 굉장히 행복해 한다. 이걸 보는 건 정말 신나는 일이다.

우리의 미션은 가치 있는 아이디어를 전파하는 것이다. 그런데 우리는 단 한 개의 콘퍼런스만 할 수 있다. 더 많은 사람들을 우리가 원하는 만큼 불러올 수가 없다. 그래서 브랜드를 풀어놓았다. "당신이 직접 하세요!" 한 거다. 물론 몇 가지 조건과 규칙이 있기는 하지만, 라이선스를 무료로 줬다. 그리고 놀랍게도 많은 사람들이 자원해서 나서 줬다. 그래서 TED가 이렇게 전 세계에 퍼져 나가고 있다.

TEDx 이벤트가 우후죽순 생기면 TED 브랜드에 해가 된다는 우려도 있지 않았나?

TEDx가 폭발해서 브랜드를 죽일 거라고? 그런 일은 일어나지 않았다. 놀랍게도 대부분의 사람들이 엄청난 시간과 노력을 TEDx에 쏟아서 정말 근사한 이벤트로 만들어 낸다. 나는 긍정적인 효과에 놀라고 있다. 우리가 기대했던 것보다 훨씬 강력하다. 물론 백에 하나 정도는 작은 문제가 있을 수도 있겠다. 하지만 그건 극히 일부이고, 전반적으로는 엄청난 성공이라고 생각한다.

최근 시작한 TED에드 동영상을 봤는데, 아주 흥미로웠다. TED 에드는 왜 시작했는가?

모든 것은 가치 있는 아이디어를 확산시키자는 TED의 미션에서 비롯된다. 가치 확산과 전파에 가장 중요한 직업이 바로 선생님이다. 선생님은 이 일을 매일 한다. 선생님들은 영웅이다. 선생님들은 처우가 그리 좋지도 않지만, 이 사회의 가장 훌륭한 아이디어들을 다음 세대에게 전달한다. 그래서 우리는 가능한 한 선생님들을 도와드리려고 한다. TED에드는 선생님들이 일을 더 잘할 수 있도록 힘을 드리려는 것이다. 그게 전부다.

많은 선생님들이 멋진 수업을 한다. 그 가르침을 단지 1년에 30명의 어린이들만 들을 수 있다는 건 정말 아쉬운 일이다. 수백만 명의 어린이들이 함께 들어야 한다. TED에드의 첫 단계는 선생님의 목소리를 더 널리 퍼뜨리는 방법을 찾으려는 것이다. 그래서 우리는 선생님과 애니메이터를 이어 줘서 6분 정도의 흥미로운 시청각 자료를 만들게 한다.

우리는 배움을 신나는 일로 만들고 싶다. 어린이들에게 '아하!

전에는 이런 식으로 생각하지 못했는데.' 하는 순간을 만들어 주고, 호기심에 불을 붙이려 한다. 왜냐하면 어린이들이 교실에 그냥 멍하니 아무런 교감 없이 앉아서 수업이 지루하다고 생각하는 건 최악의 일이니까. 지식은 지루한 것이 돼서는 안 된다. 배움, 교육은 가장 멋지고 신나는 일이 돼야 한다. 어린이들에게 흥미를 불러일으킬 수 있는 비디오와 토크를 만드는 것, 이게 첫 번째 단계였다면, 두 번째 단계는 많은 선생님들이 이 비디오를 가져가서 이걸 기초로 수업을 하는 것이다.

당신이 웹비디오의 중요성에 대해 인터뷰한 기사를 본 적 있다. 더 자세히 이야기해 달라.

내가 이야기한 것은 웹비디오가 혁신 사이클에 불을 붙일 수 있다는 것이었다. 이제 모든 사람들이 특정 분야에서 전 세계 최고가 무엇인지, 웹비디오를 통해 금방 알 수 있다. 내가 찾았던 첫 번째 사례는 바로 춤이었다. 인터넷 비디오가 많아지면서 춤은 빠르게 발전한다. 이곳 서울의 아이들이 웹비디오로 미국 디트로이트에서 춤추는 아이들을 볼 수 있다. 그 움직임을 보면서 "맞아, 나도 저렇게 할 수 있겠어!" 한다. 훌륭한 웹비디오를 통해서 국제적인 스타가 탄생하기도 한다. 훌륭한 비디오를 만들어 내야 할 동기가 충분한 거다.

춤 이외의 분야도 마찬가지다. 아이디어를 나누는 것도 그렇

다. 연사들이 웹비디오로 다른 사람들의 토크를 본다. 서로의 토크를 보면서 어떻게 말하는 게 더 효과적인지를 깨닫게 된다. 말하는 기술은 사실 그동안 거의 잊힌 기술이 돼 버렸다. 연단에 누군가 서서 원고를 한 시간 동안 읽고 객석에서는 졸고, 이런 식으로 가면 안 된다. 웹비디오는 혁신 사이클에 불을 붙일 수 있다.

SBS 뉴스에서도 TED토크에서 종종 사용되는 프레젠테이션 프로그램을 활용한다. 그런데 준비하는 데 드는 노력과 시간이 만만치 않더라.

비디오는 전 세계로 갈 수 있지 않은가. 연사가 시간을 들일 가치가 충분히 있다. 비디오로 100만 명, 200만 명을 접할 수 있다. 이건 한 사람의 평생치 작업에 해당하는 양이다.

TED를 '21세기의 하버드'라고 칭한 기사를 본 적이 있다. 어떻게 생각하는가.

하하. 우린 절대 TED가 하버드라고 말하지 않는다. 하버드는 그냥 하버드다.

물론 그렇다. 하지만 그 말은 아마도 TED의 교육적 측면에 주목한 것 같은데.

온라인 비디오의 세계에서 아이디어를 나눈다는 것은 하나의 '현상'이다. 역사상 처음인, 새롭고 흥미진진한 현상이다. 누구나 인터넷만 접속하면 바로 거기서 위대한 선생님들을 만날 수 있다. 이는 인간의 가능성을 확장할 수 있다. 대부분의 사람들은 자신의 가능성을 다 발휘할 기회를 갖지 못하고 살아간다. 똑똑하고 영민한 소녀가 가난한 가정에서 태어나 지적 능력을 발전시킬 기회를 갖지 못하고, 엄마가 살았던 것처럼 산다고 생각해 보라. 하지만 미래엔 달라질 것이다. 이 소녀는 30년 전에는 가장 부유한 사람들도 가질 수 없었던 교육의 기회를 가질 수 있다. 온라인에서 어떤 선생님이든 만날 수 있으니까.

한국에서 TED는 흔히 기술(Technology), 엔터테인먼트
(Entertainment), 디자인(Design)의 약자를 딴 콘퍼런스 이름이라고
설명된다. 당신은 TED를 어떻게 정의하는가?

인터넷을 이용해서 훌륭한 아이디어를 전파하기 위한 조직이
다. 물론 기술과 엔터테인먼트, 디자인이 중심이지만, 어느 아이디
어이든 무방하다. 모든 아이디어는 서로 연결돼 있으니까. 우리에겐
과학자, 창의적인 사람, 디자이너, 그리고 세계 문제를 해결하기 위
해 헌신하는 운동가, 사회적 기업가도 필요하다. 모든 종류 사람들
이 '믹스'의 일부가 될 필요가 있다. 모두 서로에게서 배우고, 영감을
받을 수 있다. TED는 이들의 아이디어를 서로 나누기 위한 플랫폼
이다.

TED는 정치적·종교적 중립과 비영리를 내세우고 있다. 그러면서
도 끊임없이 사회에 참여한다. 사회참여와 정치적·종교적 중립을
지키는 것 사이에서 균형을 찾는 일은 쉽지 않을 텐데.

나는 주류 미디어가 다루는 해묵은 싸움에 다시 불을 붙이고
싶지 않다. 관심 없다. 그 모든 제로섬 논쟁을 되풀이하고 싶지 않다.

우리는 가능성에 대해 이야기하지 갈등에 대해 이야기하지 않는다. 가능성에 대해 이야기하면 제로섬 게임이 아니라 다른 게임이 된다. 우리는 이렇게 주제를 바꾸는 것만으로 예전에 서로 싸우던 사람들도 한자리에 모을 수 있다. 상상력과 창의, 혁신의 힘으로 더 좋은 세상을 위한 공동의 과제에 함께할 수 있다.

TED에서 흥미로운 것은 TED에 온 사람들 대부분이, 미래를 보는 방식에서 '인식의 전환'을 겪는다는 것이다. '미래는 내가 제어할 수 없는 운명으로 다가온다.'고 생각하다가, 마치 스위치를 돌린 것처럼, '미래는 아직 쓰이지 않은 이야기이며 내가 그 이야기의 일부가 될 수 있다.'고 생각을 바꾸기 시작한다. 정말 아름다운 전환 아닌가. 이게 바로 TED다!

TED콘퍼런스 참가자뿐 아니라 웹비디오를 보는 사람들에게도 이런 변화가 일어나는 건가?

그렇다!

그래서 TED는 글로벌 커뮤니티다.

7장
TEDx, 한국에서 꽃피다

TEDx는 TED가 아니다. 그러나 요즘의 TED 열풍은 상당 부분 TEDx의 확산에 힘입은 것이다. 앞 장에서도 설명했듯 TEDx는 TED의 라이선스를 얻어 각 지역에서 독립적으로 개최되는 이벤트다. TED는 모든 TEDx 이벤트들이 x=independently organized TED event라고 표기해 TED와는 독립적으로 열리는 행사라는 점을 분명히 할 것을 요구하고 있다. TEDx는 각 지역별, 커뮤니티별로 '마치 TED 같은 경험TED-like Experience'을 창조할 것을 목표로 삼는다. 풀뿌리 TED, 미니 TED라고 할 수 있겠다.

TEDx의 성장세는 놀랍다. TEDx 홈페이지에[79] 들어가 보면 TEDx 이벤트 현황을 한눈에 볼 수 있도록 만들어진 지도에 TEDx 개최지를 표시한 점들이 빼곡하게 들어차 있다.

예를 들자면, 2012년 9월 22일에는 한국의 수원과 부산을 비롯한 전 세계 27개 지역에서 TEDx 이벤트가 열렸다. TEDx 이벤트가 열린 국가들도 각 대륙을 망라한다. 한국, 일본, 몽골, 인도, 영국, 미국, 캐나다, 브라질, 모로코, 튀니지, 방글라데시, 아제르바이잔, 우크라이나, 세르비아, 그루지야. TEDx는 바야흐로 만국 공용어가 된 듯한 느낌이다.

한국은 특히 TEDx 열풍이 거센 곳이다. TED토크의 인기도 높지만, 한국은 TEDx 행사가 가장 활발하고 다채롭게 열리는 국가 중 하나다. 한국에서는 2009년 9월에 TEDx명동이 첫 행사를 연 것을 시작으로, TEDx서울이 뒤를 따랐다. TEDx숙명, TEDx연세, TEDx광운, TEDx홍익 등의 TEDx 행사가 잇따라 열렸고, 청소년들이 만든 TEDx유스서울 등 다채로운 TEDx이벤트가 마련됐다.

한국의 TEDx 열풍

이처럼 한국은 TEDx 열풍에 일찍부터 앞장섰다. 한국 최초로 TEDx 이벤트를 연 TEDx명동은 국내의 키노트 유저 그룹 Keynote User Group이다.[80] 키노트는 애플이 개발한 프레젠테이션 소프트웨어다. 키노트 유저 그룹은 2007년 '당신의 아이디어를 시각화 하라Visualize Your Idea'라는 기치를 내걸고 창립됐다. 오프라인으로 프레젠테이션 파티를 열고 온라인에서는 인기 프레젠테이션의 팟캐스트를 제작해 무료로 배포하며, 전통적인 프레젠테이션 방식을 혁신하기 위해 활동해 왔다.

키노트 유저 그룹은 어떻게 프레젠테이션을 효율적으로 진행해 가치 있는 생각을 전달할 것인가를 고민해 왔으므로, '가치 있는 아이디어의 확산'을 모토로 한 TED와 통하는 부분이 있다. 게다가 인기 있는 TED토크야말로 훌륭한 프레젠테이션의 모범 아닌가. 그래서 키노트 유저 그룹의 발상지인 명동을 이름에 붙인 TEDx명동이 처음 탄생했다.

TEDx명동은 초창기에는 TED토크를 함께 모여서 본다는 목적이 컸지만(TEDx 이벤트에서는 반드시 TED토크 영상을 상영해야 한다는 가이드라인이 있다.), 행사가 거듭되면서 독자적인 콘텐츠가 늘었다. TEDx명동의 2011년 행사는 '레스 앤드 모어Less and More'를 모토로 열렸다. '덜함이 더함이다.'라는 세계적인 디자이너 디터 람스Dieter Rams의 디자인 철학을 적용한 것이었다.

TEDx명동은 행사장과 그 분위기부터 기존의 콘퍼런스나 세미나와는 달랐다. TED액티브의 자유로운 분위기에서 힌트를 얻어 180도로 젖혀지는 안락의자가 구비된 영화관을 행사장으로 택했다. 참가자들이 집에서 편안한 자세로 TED토크를 즐기듯, 누워서 대형 스크린으로 TED토크를 즐길 수 있도록 한 것이다.

TEDx명동은 2010년과 2012년에는 전 세계에서 열린 TEDx체인지 제휴 행사에 참여했다. TEDx체인지TEDxChange는 빌 게이츠 부부의 사회 공헌 재단인 빌앤드멜린다게이츠재단과 TED 가 공동으로 주최하는 TEDx 행사다. 말라리아, 에이즈, 소아마비 등의 질병 퇴치와 모자 보건, 농업 개발 등의 문제를 주로 다룬다.

TEDx체인지는 2010년 9월 뉴욕, 2012년 베를린에서 이 문 제를 다루는 전문가들을 모아 행사를 열었다. TEDx체인지의 강연 들은 TEDx체인지와 제휴한 전 세계 TEDx 이벤트를 통해 라이브 로, 혹은 녹화 영상으로 공유되었는데, 한국에서는 TEDx명동이 이 행사를 주관했다. TEDx체인지 명동 행사에서는 국내 연사들도 무 대에 서서 인류를 괴롭히는 질병을 어떻게 퇴치하고 저개발 국가를 지원할 것인지를 논의했다.

TEDx서울은 TED토크의 한국어 번역 자원봉사자들의 조직 에서 비롯되었다. TEDx서울 라이선시(라이선스 취득자)인 류한석 씨 는 TEDx상하이에 다녀온 직후 영감을 받아 당장 TED를 한국에 도 알려야겠다고 생각했고, 간단한 게시판을 만들어 TED토크 번 역 자원봉사자를 모았다. 이렇게 모인 사람들 중 상당수가 TEDx서 울의 기획자가 되었다. TEDx서울의 첫 행사는 2009년 11월 열렸 다.[81]

　　TEDx서울은 '영감, 공유, 변화Inspire, Share, Change'를 모토로
내세웠다. 영감이 있는 아이디어를 공유하고 전파함으로써 사회 속
에서 크고 작은 변화를 이끌어 낼 촉매 역할을 자임했다. 첫 행사
의 주제는 '홍익인간Ideas serving humanity'이었다. 소리꾼 이자람 씨가
오늘 우리들의 이야기를 판소리로 창조해 낸 경험을 청중과 공유했
고, 누구나 편안하게 찾을 수 있는 병원을 만들기 위해 의사 가운을
벗고 병원을 카페 형태로 만든 '제너럴 닥터'의 김승범·정혜진 씨가
자신들의 실험을 소개하는 등 다양하고 흥미로운 강연이 이뤄졌다.
TEDx서울의 첫 콘퍼런스는 등록 시작 하루도 안 돼 대기석까지 포
함해 모든 좌석이 동날 정도로 반응이 뜨거웠고, 이런 반응은 4회째
행사를 치를 때까지도 이어지고 있다.

TEDx서울과 TEDx명동은 한국의 TEDx 초창기인 2009년부터 지금까지 꾸준히 명맥을 이어 온 대표적인 TEDx로 꼽힌다. TEDx서울의 라이선시 류한석 씨는 TEDx명동의 라이선시 최웅식 씨와 함께 TEDx 한국 시니어 대사로 활동하고 있다. TEDx 이태원의 추대엽 씨, TEDx대구의 신윤희 씨도 최근 TEDx 한국 대사로 선발되었다. TEDx서울이나 TEDx명동, TEDx이태원, TEDx대구처럼 이름에 지명이 붙은 경우는 지역을 기반으로 한 일반적인 TEDx 이벤트이다.

대학 내에서 열리는 TEDx 이벤트도 폭발적으로 늘어나고 있다. 세계 최초의 TEDx 이벤트가 미국 서던캘리포니아대학에서 열렸던 TEDxUSC였듯, 배움의 장소인 대학은 TEDx이벤트가 열리기에 적합한 곳이기도 하다. 국내의 웬만한 대학이라면 한 번쯤 TEDx 이벤트가 열린 적이 있다고 봐도 과언이 아니다.

청소년들도 TEDx 이벤트를 기획하는 주체가 된다. 청소년이 기획하고, 청소년이 연사로 서고, 청소년이 청중이다. 국내 첫 TEDx 유스 이벤트는 2010년 여름 경기도 용인 에버랜드 빅토리아 극장에서 열렸던 TEDx유스서울이다.[82] 당시 한국국제학교의 고등학교 1학년이었던 권민혜 양이 중심이 되어 개최했다. 주제는 '너의 꿈을 춤추게 하라!'

TEDx유스서울의 출발점은 권 양이 우연히 TED 2010의 최연소 연사였던 아도라 스비탁의 TED토크를 보게 된 것이었다. 권 양은 어린 학생이 TED 청중 앞에서 또박또박 자신의 생각을 이야기하는 것에 큰 감명을 받았다. 그리고 청소년도 TEDx 행사를 열 수 있다는 사실을 알게 되자마자 TED 사무국에 연락해 라이선스를 취득했다.

권 양을 비롯한 TEDx유스서울 오거나이저들은 큰 행사를 준비해 본 경험이 없었지만, 학교생활을 하면서도 두 달 만에 400명이 참여하는 행사를 조직해 냈다. 연사를 섭외하고, 행사장을 구하고 행사를 알리고 행사를 진행하는 과정에 어려움도 많았다. 하지만 자원봉사자들이 큰 보탬이 됐고, 이들의 뜻에 공감한 TEDx명동 팀이 TEDx유스서울을 지원했다. 에버랜드는 어리지만 당찬 태도와 꼼꼼한 기획안을 높이 사서 행사 장소를 제공했다.

TEDx유스서울 이벤트는 어른들이 어린이들로부터 배워야 할 것을 이야기하는 아도라 스비탁의 TED토크를 함께 보는 것으로 시작해, 10~20대 연사들의 강연으로 이어졌다. 다문화 가정 어린이를 돕는 펄벅재단 학생협회 대표 박세인 양은 혼혈인 엄마(박세인 양의 엄마는 가수 인순이다.)가 성장 과정에서 겪은 외로움과 아픔을 이야기하며 혼혈인에 대한 이해를 호소했다. 대학생 정준영 군은 고등학교 재학 시 핸드크림에 대한 호기심에서 시작해, 님 오일(님 열매로 만든 식물성 기름의 일종)로 곤충 퇴치제를 만들어 특허를 출원하게 된 과정을 소개하며 과학은 작은 호기심에서 시작된다는 것을 이야기했다.

TEDx유스서울은 청소년들이 자신의 목소리를 낼 수 있는 장이 되었다. 청소년 연사들은 하고 싶은 일을 하면서 꿈을 실현하는 방법을 이야기하고, 호기심과 다양한 경험, 창의성과 개성이 얼마나 중요한지를 보여 줬다. 학업과 경쟁에 시달리는 한국의 학교 교육에서 놓치고 있는 부분들이다. 권 양은 "아이돌 가수나 컴퓨터 게임뿐 아니라 지적 콘텐츠로도 재미와 감동을 줄 수 있다는 것을 알리고 싶었다."고 했다. 그리고 400명의 청중은 연사들의 이야기에 큰 호응을 보여 줬다.

TEDx유스서울은 2010년 첫 행사 이후에도 꾸준히 활동을 계속해 2012년 2월 3일, 네 번째 행사를 열었다. TEDx명동 조직팀의 조언을 받아 학생들이 기획하고 진행했다. TEDx유스서울은 "강연은 청소년들의 머리와 마음을 터치하고 함께 공유하고 토론할 수 있는 내용으로 엄선하며, 연사는 공감대 형성을 위해 괄목할 만한 혁신적인 아이디어와 실천력을 겸비한 청소년들과 청년으로 선정"한다고 홈페이지에 밝히고 있다. 그야말로 청소년들을 위한, 청소년들에 의한 행사다.

13세 이하 어린이들을 위한 TEDx키즈^{TEDxKids} 행사도 열리고 있다. 2012년 12월 국내 첫 TEDx키즈 이벤트였던 TEDx키즈@

윤중초등학교가 열린 데 이어, 2013년 1월 영등포 하자센터에서 TEDx키즈@영등포 행사가 열렸다. 주제는 'Why not move?' 어린이와 청소년, 성인 연사들이 무대에 올랐고, 어린이와 어른이 함께 청중이 되었다.

양지우 어린이가 초등학교 친구들이 진행하는 독거노인을 위한 '사랑의 주먹밥' 프로젝트를 이야기했고, '영 크리에이터를 키우자.'라는 주제로 이야기한 김승범 씨는 행사에 참가한 어린이들과 함께 포스트잇으로 블록을 만들었다. 초등학교 영어 교사인 최민석 씨는 어린이들과 함께한 다양한 체험 이야기를 나눴다. 강연뿐 아니라 다채로운 활동을 함께 해 보는 순서도 마련됐다. 그야말로 엄마아빠와 함께 즐기는 TED 놀이터였다.

그런데 한국에서 워낙 다양한 주체들이 TEDx 이벤트들을 끊임없이 열다 보니 이벤트마다 수준이 천차만별인 것도 사실이다. 참석자들에게 영감을 주는 이벤트도 있지만 그렇지 않은 경우도 있다. 원활한 운영, 질 높은 콘텐츠, 지속성보다는 개최 자체에 의미를 두는 행사가 없지 않다. 지속적으로 열리지 못하고 1, 2회로 끝나는 경우도 종종 있다.

굳이 TEDx 타이틀을 걸지 않아도 될 포럼이 TEDx 이벤트로 열리는 경우도 있다. TED라는 브랜드의 명성이 높아지면서, TEDx 타이틀을 거는 것이 브랜드 가치를 높이는 데 도움이 된다고 판단해서일 것이다. 워낙 취업난이 극심하다 보니, 대학가를 중심으로 TEDx 행사를 기획하거나 참여했다는 것을 일종의 스펙으로 여기는 경우도 있다 한다.

그런데 이 모든 상황은 한편으로는 한국에서 TEDx에 대한 관심과 인기가 높다는 현실을 방증하는 것이기도 하다. TEDx 이벤트의 난립을 걱정하는 목소리가 나올 정도이니, 그만큼 국내에서 TEDx는 열풍이 되고 있다 하겠다.

풀뿌리 TEDx, 변화를 이끌다

TEDx는 TED와 비슷한 체험을 제공할 것을 목표로 TED의 포맷을 따서 열리는 행사이지만, 지역성이나 특수성의 측면에서 TED가 따라갈 수 없는 콘텐츠를 생산해 낸다는 장점이 있다. TED 토크들은 대부분 보편적 공감을 이끌어 내지만, 아무래도 콘퍼런스가 열리는 미국과 유럽 지역 연사들이 중심이 되고, 그들이 관심 있어 하는 주제가 다뤄질 수밖에 없다. 이에 비해 풀뿌리 TED라 할 TEDx에서는 외국인 연사보다는 그 지역 출신 연사가 훨씬 많고, 그 지역 청중이 관심 있어 할 만한 주제가 자주 다뤄진다.

그래서 한국에서 열리는 TEDx에서는 한국인들이 공감할 만한 주제가 많이 등장한다. 전통 판소리의 현대화 작업을 이야기하는 소리꾼 이자람 씨나 수단 원주민을 위해 몸 바친 고 이태석 신부의 삶을 그린 다큐멘터리 「울지 마 톤즈」의 프로듀서 구수환 씨, 국가 공권력에 의한 고문 피해자들을 집단 상담해 온 정신과 전문의 정혜신 씨, 고등학교 재학 당시 서울버스 앱을 개발한 유주완 씨 등을 TEDx 무대에서 만날 수 있다.

'열린 더빙 프로젝트Open Dubbing Project' 같은 새로운 아이디어도 등장한다. TEDx서울에서 이유진 씨가 제안한 것이다. TED의 열린 번역 프로젝트가 영어로 된 TED토크 동영상에 각국어로 번역한 자막을 달아 널리 확산시키는 계기를 마련했다면, 열린 더빙 프로젝트는 활자가 아니라 음성에 중심을 둔 프로젝트다. 비디오를 볼 수 없는 상황에 처하거나, 시각 장애가 있는 경우에도 TED토크의 콘텐츠를 음성으로 즐길 수 있도록 한다는 것이다. 이 아이디어는 TED액티브에서도 참가자들의 호응을 이끌어 냈다.

TEDx는 수많은 새로운 연사들을 세상에 알렸다. 유명하지 않아도, 거창한 직업이 없어도, 사람들의 마음을 움직이는 자신만의 이야기가 있는 연사들이 TEDx의 무대에 섰다. 많은 연사들이 TEDx를 통해 데뷔했고, 이들은 한정된 시간 안에 자신의 이야기를 자연스럽게 청중과 소통할 수 있는 능력을 TEDx의 무대에서 키웠다. TEDx에서 주목받은 연사들은 다른 행사에도 불려 다니는 인기 연사로 떠올랐다.

TEDx 이벤트가 인기를 끌면서 많은 강연 행사들이 TEDx

스타일을 따르고 있다. 30분이고 1시간이고 원고만 들여다보며 읽는 강연은 이제 사라지고 있다. 15분에서 20분 사이의 짧고 압축적인 강연이 대세다. TEDx와 유사한 형식의 강연 프로그램들도 여럿 등장했다. 통칭 '세바시'로 불리며 CBS의 간판 프로그램이 된 '세상을 바꾸는 시간'은 15분짜리 미니 프레젠테이션 파티로 웹과 모바일에서 선풍적인 인기를 끌고 있고, KBS도 물이 끓듯이 인생을 변화시키는 결정적인 순간을 의미하는 '강연 100℃'라는 강연 프로그램을 방송하고 있다.

TEDx 이벤트는 보편성과 함께 지역성까지 갖추며, 지식과 영감에 목말랐던 사람들의 욕구를 채워 주고 있다. TEDx 이벤트가 계속 늘어나고 있다는 것은 자기 목소리를 내고자 하는, 자기 미디어를 갖고자 하는 열망을 지닌 사람들이 많다는 뜻이기도 하다. TEDx 서울 오거나이저인 박성태 씨는 "TEDx는 우리가 처한 환경과 사회를 변화시키고자 하는 열의와 의욕을 표출하는 한 방식"이라고 말한다.

내가 취재차 만난 TEDx 오거나이저들은 대부분 굉장히 적극적이고 긍정적인 사고방식을 지니고 있었다. 그들은 TEDx 이벤트를 준비하는 과정 자체가 긍정적인 에너지를 준다고 말한다. 이들은 학생이 아닌 한, 대부분 다른 생업을 갖고 있으면서 시간을 쪼개어 다른 TEDx 오거나이저들과 정기적인 모임을 갖고 TEDx 이벤트를 기획 진행한다. 아무런 대가를 바라지 않고, 가치를 공유하는 사람들이 모여 큰 에너지를 만들어 낸다.

"TED 아이디어 그 자체만 보고 사람들이 모여들었는데 그 어느 집단보다도 단결성이 좋고 즐겁고 열정적으로 합니다. 아무런 대가 없이 가치를 공유하는 것만으로 이렇게 함께 일할 수 있다는 사실을 실감할 수 있어서 좋아요. 그 자체가 큰 에너지인 것 같습니다. 또 TED 본사에서 하는 걸 따라가는 게 아니라, 우리의 이야기를 지금 여기에서 할 수 있다는 게 매력이죠. 자신만의 스토리와 정체성을 갖고 사람들과 소통하는 연사를 찾아내고, 강연이라는 포맷으로 그 매력을 보여 줄 수 있다는 게 재미있어요."[83]

TEDx 오거나이저들은 이제 TEDx토크를 특정 지역에서뿐만 아니라 전 세계에서 즐길 수 있도록 언어의 장벽을 넘어서는 프로젝트를 기획하는 중이다. 영어가 아닌 언어로 이뤄진 TEDx토크에 영어 자막을 다는 것이다. 영어로 이뤄진 TED토크들이 자원봉사자들의 노력으로 각국 언어로 번역돼 세계로 확산됐던 것처럼, TEDx토크 중에서도 보편적 공감을 끌어낼 수 있는 것들을 영어로 번역해 널리 알리겠다는 것이다. 한국어 TEDx토크가 일단 영어로 번역되면 또 다른 언어로도 번역될 수 있는 길이 열린다. 이 역시 아무런 대가가 없이도 신이 나서 하는 자발성의 결과다.

TEDx삼성의 실험

자발성을 바탕으로 한 TEDx는 그 집단의 문화까지 바꾸는 커다란 에너지를 만들어 낸다. TEDx삼성은 이를 잘 보여 주는 사례다. TEDx삼성은 기업 내 TEDx 이벤트로 외부 사람들은 참여할 수 없는 비공개 행사다. 한국에서는 기업 내 TEDx 이벤트가 같은 아시아권인 일본, 중국에 비해서도 굉장히 활발하게 열린다. 한국에서 가장 먼저 열린 기업 내 TEDx는 TEDx삼성이다. 세계적으로 따져도 두 번째다. 기업 내 TEDx로는 선구자격인 셈이다.

사실 이전의 TEDx는 학교나 지역을 기반으로 열리는 게 일반적이었다. 브랜드 관리에 철두철미한 대기업의 경우 회사의 이름을 회사원들끼리 모여서 하는 행사에 사용하는 걸 꺼리는 경향이 있게 마련이다. TEDx삼성 역시 초창기에는 사측의 환영을 받지 못했지만, 곧 TEDx의 대표적인 성공 사례로 꼽히며 유명해졌다.[84]

TEDx삼성은 삼성전자에서 프로그램 개발 엔지니어로 일하며 TED액티브에 참가했던 송인혁 씨가 라이선스를 취득해 시작했다. 그는 주어진 일만 하고, 소통은 없고, 어느새 관료화한 대기업 문화 속에서 무기력함과 갑갑함을 느끼다가, TED액티브에서 큰 영감을 받아 TEDx이벤트를 조직했다. 처음에는 TED를 좋아하는 사람 20~30명이 모여 TED토크 영상을 함께 보는 격주 행사로 시작했지만 점점 규모도 참가자 수도 불어나기 시작했다. 삼성전자 수원과 구미 사업장에서 시작한 모임이 전국의 사업장으로, 또 삼성그룹 전체로 퍼져 나갔다.

테삼, 즉 TEDx삼성 커뮤니티의 정체성은 '100 대 20'이라는 아이디어로 집약된다. 만나서 좋은 이야기만 할 게 아니라 실천에 옮겨 보자며 나온 아이디어였다. 구글에는 80 대 20이 창의적인 기업 문화로 정착돼 있다. 업무 시간의 80퍼센트는 주어진 일을 하고, 20퍼센트는 자신이 하고 싶은 일을 한다는 뜻이다. 그러나 제조업 기반의 삼성에서 당장 80 대 20은 요원한 일이다. 그렇다고 손 놓고만 있을 것이 아니라, 할 일을 다 하고 퇴근 후나 주말에 만나서 시작하자는 뜻에서 100 대 20이라는 아이디어가 나왔다.

> "맥락 없이 사람들에게 이야기할 경우 비웃음을 사기 딱 좋은 것이었고, 만약에 회사가 꺼냈다면 수많은 사람들로부터 공격받아 마땅했을 이야기였다. 그러나 우리에겐 이것이 필요했다. 언제까지 조직의 딜레마에 고통 받으며 괴로워만 할 것인가. 지금 이 자리에 우리와 새로운 시작을 함께할 동료들이 모여 있지 않은가."[85]

뜻을 같이하는 사람들이 모이자 재미있는 아이디어가 나왔고, 이 아이디어는 실천으로 이어졌다. 먼저 회사에서 뭔가 재미있는 것을 해 보면 어떻겠느냐는 누군가의 제안에 춤을 추다가 흩어지는 플래시몹을 하자는 아이디어가 나왔고, TEDx삼성 커뮤니티를 통해 플래시몹을 함께할 사람들을 모집했다. 부담감 없이 쉽게 따라 할 수 있는 샘플 춤 동작을 비디오로 찍어 이메일에 첨부해 보냈고, 재미있다고 생각한 사람들은 메일을 더 널리 퍼뜨렸다. 그 결과 크리스마스이브 점심시간, 삼성전자 수원 사업장 디지털연구소 로비에서 100여 명이 한꺼번에 신나게 춤추다 순식간에 흩어지는 플래시몹이 성공적으로 이뤄졌다.

만약 회사 측에서 조직 문화 활성화를 위해 이런 플래시몹을 기획했다면 아무리 재미있는 이벤트라도 '일'이 되었을 것이고, 끝나고 난 뒤에도 별로 기억에 남지 않았을 것이다. 하지만 사람들이 신나서 자발적으로 참여한 일의 결과는, 당장 보이지는 않지만 기업 문화를 조금씩 바꾸는 계기로 작용했다.

이후에도 삼성전자에서는 다양한 플래시몹이 진행되었다. 구내식당 직원들을 위해 「아빠 힘 내세요」를 개사한 「여사님 힘 내세요」를 부른 '여사님 프로젝트'가 사무적이고 딱딱했던 분위기에 인간적 교감을 더했다. TEDx삼성의 커뮤니티에는 평사원에서부터 상무, 전무까지 다양한 직급이 모여들었고 삼성전자뿐 아니라 다른 관계사까지 분위기가 퍼져 나갔다. 임직원들이 한마음으로 참여했던 신나는 플래시몹 영상은 삼성전자 사업장 곳곳에서 홍보 영상으로 사용되었다.

다음은 '댄싱 삼성 프로젝트'였다. 삼성전자 마케팅 담당 직원이 먼저 통근 버스 안, 식당 안, 홍보관, 주차장, 회의실, 사장실까지 사내 곳곳을 돌며 혼자 즐겁게 춤을 췄고, 얼마 지나지 않아 많은 사람들이 이 춤에 동참하기 시작했다. 춤추는 영상은 사내에 전파돼 폭발적인 호응을 얻었고 댄싱 삼성 프로젝트는 전국으로 확대되었다. 처음에는 혼자 추는 춤으로 시작했지만, 곧 회사의 경영진은 물론이고 다양한 부서 임직원들과 식당의 '여사님'들까지 다양한 구성원이 이 프로젝트의 주인공이 되어 함께 춤을 추게 되었다. 이 프로젝트는 중국으로까지 확산되었다.

TEDx삼성 커뮤니티는 어느새 2000명이 넘는 사람들의 거대한 커뮤니티가 되었다. 회사에서 조직한 것도 아니고 자발적으로 다양한 직급, 다양한 직책의 사람들이 모이자 커다란 에너지를 만들어 냈다. 바로 연결의 힘이었다. 궁금한 점을 질문하면 바로 답이 올라왔고, 신상품 기획, 개발에서도 과거엔 생각지 못했던 아이디어들이 실현되었다.

'빨간 풍선 프로젝트'는 연결의 힘을 실감하게 한 프로젝트였다. 목표는 전 세계의 삼성전자 사업장 어딘가에 숨겨둔 아홉 개의 풍선을 찾아내는 것. 미국 전역에 숨겨진 풍선을 모두 찾도록 해서 사람들을 연결한, 미 국방성이 수행한 유명한 프로젝트를 본뜬 것이었다. 2011년 1월, 게임 참가 희망자 450명이 일제히 주변에 빨간 풍선을 찾아 달라는 메일을 뿌리기 시작했다. 게임의 규칙은 간단했다. SNS는 쓸 수 없고 메일과 메신저를 통해서만 풍선을 찾을 수 있다. 찾는 사람은 상금을 받게 되고, 찾지는 못해도 주변에 전파만 하면 역시 상금의 일부를 받을 수 있다.

풍선은 한국, 미국, 영국, 중국, 오스트리아 등 다섯 나라의 아홉 개 지점에 숨겨졌다. 게임이 시작된 후 첫 번째 풍선이 발견되기까지는 5분밖에 걸리지 않았다. 국내 곳곳에 숨겨 놨던 풍선 다섯 개를 찾는 데 걸린 시간은 불과 2시간 10분이었다. 해외에 숨겨 놓은 풍선도 한국에서 뿌리기 시작한 메일이 여러 경로를 통해 뻗어 나가면서 하나둘씩 발견되었다. 세계 곳곳에 숨겨 뒀던 빨간 풍선을 모두 찾는 데 걸린 시간은 총 47시간이었다.

풍선을 찾는 데까지 거친 사람의 수는 평균 2.4명. 세 사람만 거치면 전 세계 어디에든 연락이 닿았던 것이다. 빨간 풍선은 조직의 힘이 아니라 개인과 개인의 '연결의 힘'을 통해서 찾아낸 결실이었다. 삼성전자는 9만 명, 삼성그룹 전체 직원은 30만 명에 이르는 거대 조직이다. 이 조직 안에는 여러 분야의 전문가들이 포진해 있다. 관건은 문제가 발생할 때 답을 알고 있는 사람들을 어떻게 찾아내는가 하는 것이다. 이는 서로 연결돼 있지 않았던 사람을 어떻게 연결하느냐의 문제가 된다. 빨간 풍선이 보여 준 연결의 힘은 그래서 소중한 것이었다.

2011년 3월, '가슴 뛰는 삶'을 주제로 열린 TEDx삼성의 첫 콘퍼런스는 540명의 임직원이 참가해 열정과 에너지 가득한 현장을 만들어 냈다. 이후에도 TEDx삼성은 대규모 콘퍼런스를 지속적으로 열면서 삼성의 조직 문화를 바꿔 나가는 데 큰 역할을 해 오고 있다. 처음에는 달가워하지 않았던 사측에서도 자발적으로 모인 사람들의 열정과 에너지를 체감하면서 관심과 지원을 아끼지 않고 있다. 물론 TEDx삼성이 삼성이라는 거대 조직의 문화를 전반적으로 바꿨다고 얘기하기에는 무리가 있지만, 연구 개발 인력 중심의 조직에는 상당한 변화를 만들어 낸 게 사실이다. 삼성전자가 2012년 초에 개발한 장애인용 안구 마우스도 TEDx삼성에서 나온 아이디어였다.

TEDx삼성은 비공개 이벤트였지만, TEDx삼성이 만들어 낸 변화의 에너지는 외부로도 알려지기 시작했다. KT, NHN, LIG 같은 다른 국내 기업에서도 TEDx가 조직되기 시작했다. 지금도 기업 내에서 새롭게 TEDx를 조직하려는 움직임이 계속되고 있다. TEDx삼성의 성공 사례에 자극 받아 TEDx싱가폴항공 등 해외 기업들의 TEDx도 늘어났다.

한국에서 TEDx 열기가 뜨거운 것은 기본적으로 TED의 인기가 높기 때문이다. 앞서 이야기했듯, 한국은 세계에서 TED토크를 가장 많이 보는 국가다. 새로운 지식과 영감을 갈망하는 사람들이 그만큼 많다는 얘기다. TED토크가 영어 공부에 훌륭한 교재라는 점도 빼놓을 수 없는 중요한 요인이다. TED토크 한국어 번역 작업이 굉장히 활발한 것 역시 한국 내 TED 열풍을 잘 보여 준다. 2013년 2월 현재 전체 TED토크 1400여 건 가운데 1270건 이상이 한국어로 번역돼 있다. 한국어는 사용 인구가 많은 스페인어, 포르투갈어, 프랑스어, 중국어와 나란히 가장 많이 번역된 언어에 속한다.

TED는 최근 몇 년 사이 세계로 영향력을 확대한 유행이기도 하다. 한국인들은 새로운 유행이나 트렌드에 민감하다. TED에 관심을 갖고 TED토크를 즐겨 보는 사람이 늘어나면서 'TED 같은 경험'을 창출하는 것을 목적으로 한 TEDx 열풍으로 이어지는 것이다. TEDx는 TED 브랜드의 인기를 업고, 'TED 같은 컨퍼런스를 우리도 직접 주최하고 즐기고 싶다.'는 사람들의 욕망을 충족해 준다. TEDx의 인기가 높아지다 보니 국내의 기존 세미나와 포럼 가운데 TEDx로 간판을 바꿔 다는 경우도 생겼다.

한국의 TEDx 열풍은 지식에 대한 한국인들의 갈망 외에도 참여와 소통, 발언의 욕구가 얼마나 컸는지를 보여 준다. TEDx 이전에 국내에서 컨퍼런스나 강연회에 이렇게 많은 일반인들이 모인 적이 있었던가. TEDx에서는 열정 있는 누구나 컨퍼런스 주최자가 될 수 있고, 누구나 무대에서 자신의 이야기를 할 수 있고, 학술 포럼에 가듯 특별한 마음의 준비를 하지 않아도 편안하게 강연을 즐길 수 있다.

TEDx 오거나이저들은 자발적으로 하는 일에서 즐거움을 느끼며 청중은 지금까지 접하지 못했던 새로운 소통 방식에 열광한다. TED가 단순한 컨퍼런스가 아닌 것처럼 TEDx도 단순한 강연 행사에 그치지 않는다. 한국의 많은 TEDx 이벤트들은 지금 지식과 영감을 열망하고, 소통과 참여의 욕구로 연결된 새로운 커뮤니티를 형성하는 중이다. 자발적인 참여와 연결이 낳는 에너지, 이것이 TEDx 열풍의 진정한 이유일 것이다.

TED 피플 7 TEDx서울 라이선시, 류한석

나는 2010년 TED콘퍼런스를 다녀온 후 한국에서도 TEDx 이벤트들이 여기저기 싹을 틔우고 있다는 사실을 알게 되었다. 그리고 2010년 12월 TEDx서울이 '회사후소(繪事後素)'를 주제로 연 행사를 취재했다. '회사후소'는 『논어』에 나오는 말로, '그림 그리는 일은 흰 바탕이 있는 이후에 한다.' 즉 '바탕이 있어야 꾸밈이 있다.'는 뜻이다. 주제에 내세운 대로, 삶의 바탕과 본질이 무엇인지를 고민해 보는 내용의 토크들이 이어졌다.

TEDx토크들도 좋았지만, TEDx서울의 오거나이저들을 직접 만나고 인터뷰하면서 더욱 깊은 인상을 받았다. 대부분 직장인이거나 대학원생인 이들은 자발적으로 업무를 나눠 맡아 열정적으로 일하고 있었다. 돌이켜 보니 이때가 TED가 단순한 콘퍼런스가 아니라는 걸 실감나게 느낀 순간이었던 것 같다. 다음은 TEDx서울 라이선시인 류한석 씨와 한 인터뷰 내용이다.

TEDx서울을 시작하게 된 계기는?

미국 샌프란시스코에서 일을 하고 있던 때에 TED토크를 처음 접하게 됐다. TED토크의 내용이 너무 좋아서 이걸 번역해야겠다 생각했고, 처음에 TED 사무국 측에 'TED토크의 영어 텍스트를 보내 주면 한글로 번역하고 싶다.'고 연락해서 2008년 말부터 번역 작업을 시작했다. 번역을 하다가 TED가 TEDx를 막 시작해서 일종의 테스트 기간이라는 걸 알게 되었다. 한국에서 TEDx를 꼭 하고 싶었다. 2009년 봄에 라이선스를 받았다.

꼭 하고 싶다고 생각한 이유는?

TED토크는 지식을 전달하는 18분의 강연인데, 단순히 지식 전달에 그치지 않고 굉장히 감정적인 임팩트가 있다. 보고 나면 '아, 이렇게 다르게 세상을 볼 수도 있구나, 이런 게 가능하구나, 내가 세상을 비관적으로만 보고 있었는데 이런 가능성이 있고 이런 희망이 있구나, 내가 여기서 할 수 있는 일이 있겠구나.' 이런 감정들을 느끼게 한다. 뭔가를 하고 싶게 만든다. TED토크를 보면서 '아, 내가 느낀 것들을 다른 사람들도 좀 느끼게 했으면 좋겠다.' 하고 생각했던 게 계기가 되었다.

라이선스를 받고 행사를 열기까지의 과정을 소개해 달라.

물론 쉽진 않았다. 완전히 처음부터, 제로베이스에서 시작했다. 연사 섭외, 장소 섭외에다 스폰서까지 구해야 하는데 스폰서를 구하러 가면 연사가 누구냐고 물어보고, 연사한테 가면 스폰서가 누구냐 장소가 어디냐 물어보고, 장소를 구하러 가면 스폰서가 누구냐 연사가 누구냐, 이런 식이었으니까. 하나하나 쌓아 가면서 되는 게 아니고, 동시에 모든 요소들이 올라가야 해서 힘들었다. 처음에는 어려움이 많았지만, 행사를 여러 차례 열면서 수월해진 것 같다.

같이 행사 기획하는 사람들은 어떻게 모았나.

TED토크 번역자들을 위한 홈페이지를 만들었는데, 2009년 6월쯤에 이 홈페이지 통해서 'TEDx서울 행사를 준비하고 있다. 기획 참여 원하시는 분은 내일 오후 두시까지 명동 어디어디로 모여라.' 하고 공지를 날렸다. 이렇게 맨 처음에 모인 사람들이 서너 명이었고, 점차 지인들을 데려오고 하는 식으로 커져서 15명에서 20명의 사람들이 모여 조직이 됐다. 그래서 2009년 11월에 첫 행사를 열었다.

TEDx서울 행사를 여러 번 치르면서 변한 게 있다면?

피부로 느끼는 건, TEDx서울에 섰던 연사 분들을 여기저기서 많이 찾는다는 점이다. 처음 행사에 연사로 섰던 제너럴 닥터 선생님들이나 건축가 황두진 선생님도 그렇고. '우리는 그냥 작은 행사를 한다고 생각했는데 임팩트가 있구나, 작지만 눈덩이를 굴려 가듯 키워 갈 수 있겠구나.' 이런 생각이 들었다. 처음에 비해선 연사를 섭외하는 거나 스폰서를 구하는 거나 행사 장소를 찾는 것도 수월해지고 있다.

본업을 하면서 행사 준비를 병행하기 쉽지 않을 텐데.

나도 그게 굉장히 신기하다고 생각한다. TEDx서울 오거나이저들한테는 무슨 위계질서라는 게 없다. 우리 조직이 그냥 동아리인가 하면 동아리도 아니고, 굉장히 새로운, 스스로도 어떻게 정의할 수 없는 무성향의 조직인 것 같다. 수직적인 조직이 아니라 수평적인 조직이다. 내가 처음에 이 조직을 시작하긴 했지만 나도 그냥 한 명의 회원에 불과하다. 사람들이 자기가 하고 싶은 이야기를 하고, 이렇게 해 보자고 건의를 하고, 이게 채택되면 이렇게 하고 싶은 일을 각자 자기가 할 수 있는 역량 안에서 참여하는 방식이기 때문에, 자기 내부의 동기를 갖고 일을 하게 되는 것 같다. 누가 시켜서 하는 일이 아니다 보니 참여하는 사람들 모두 나름의 보람을 찾고 재미를 느낀다. 또 사회 속에서 인정도 받으니까 더 좋다.

그래도 조직인데 운영에 재정적 어려움은 없나?

처음에는 개인적으로 지출하는 돈이 많았다. 회의비, 교통비, 회의 장소 빌리는 돈까지 다 사비로 했는데, 이제 회의비 정도는 충당이 된다. 앞으로는 개인 돈이 나갈 일은 없겠다는 정도? 서서히 궤도에 오르는 상태인 것 같다.

한국에 다른 TEDx 이벤트도 굉장히 많아지고 있는데 왜 그렇다고 보나.

에너지인 것 같다. 그냥 강연을 하고 그걸 듣는 거지만, 어떤 에너지가 오간다고 생각한다. 불길이 일어나는 것처럼 사람들한테 번져 가는 것 같다. 자극을 받으면 '아, 나도 직접 해 보고 싶다, 의미 있는 일을 하고 싶다.' 그런 욕구, 혹은 모티베이션이 전염된다. 그래서 사람들이 TEDx 이벤트를 자꾸 만드는 거다.

8장
TED는 문화다

TED란 과연 무엇인가? 나는 지금까지 여러 측면에서 이 질문에 대한 답을 풀어 보려 했다. TED는 한마디로 정의하기 힘들다. TED는 콘퍼런스다. 그러나 TED는 단순한 콘퍼런스가 아니다. TED는 인터넷을 기반으로 한 지식의 플랫폼이다. 새로운 교육 매체다. 사람들의 커뮤니티다. 사회운동이다……. 그리고 이 모든 것을 통틀어, TED는 문화다. TED는 'TED 문화'라고 이름 붙일 만한 현상을 만들어 냈다.

TED 스타일

TED토크들이 인기를 끌고 TEDx 이벤트가 곳곳에서 열리면서 'TED스타일'은 지금까지 국내의 강연 문화와 형식에 큰 변화를 가져왔다. 짧은 시간 안에 압축해서 전달하고, 생생한 시청각 자료를 곁들이고, 원고를 보지 않고 자연스럽게 이야기하듯 말하는 강연이 대세가 되었다. 내용 면에서도 지식뿐 아니라 감동을 전달하고 영감을 주는 강연이 각광받고 있다.

TED를 벤치마킹한 강연회들이 새로운 문화 콘텐츠로 부상했다. TEDx 이벤트는 TED와 똑같은 형식을 고수하고 있고, 다른 인기 강연 프로그램들 역시 TED토크와 비슷한 길이의 강연을 선보인다. 테크플러스포럼은 각 분야 전문가들의 20분짜리 강연이 이어지는 지식 콘서트를 표방한다. SBS가 주최하는 서울디지털포럼은 다자 토론이 중심인 포럼이었지만, 2009년부터 20분 분량의 단독 토크를 늘리며 TED 스타일을 따랐다. 삼성에서는 2011년부터 대학생들을 대상으로 토크 콘서트 '열정락서'를 주최해 큰 인기를 끌고 있다.

방송에서도 TED토크를 편성하거나 TED 스타일의 강연 프로그램을 제작해 송출한다. CBS는 '세상을 바꾸는 시간'을 한국형 TED로 표방하고 있고, 이 '세바시'가 15분을, KBS의 '강연 100℃'는 20분을 강연 길이로 삼고 있는 것 역시 TED토크의 18분 효과를 염두에 둔 것으로 보인다.

TED가 그런 것처럼, 유명 인사뿐 아니라 일반인이 강연자로 나서는 경우도 늘었다. '강연 100℃'는 처음부터 '인생의 끓는점까지 치열하게 살아 온 사람들의 투박하지만 진솔한 강연 프로그램'을 표방했다. 희귀병으로 투병 중인 아들과 함께 철인 3종 경기 도전에 나선 아버지, 100킬로그램의 체중을 40킬로그램이나 감량한 직장인, 몇 번이나 실패를 맛본 자산 관리사 등 다양한 일반인들이 등장했다. 나만의 이야기로 청중과 소통하고 영감을 줄 수 있는 사람이면 된다.

분위기도 캐주얼하고 자유롭다. 모두가 엄숙하게 앉아서 경청하는 강연회가 아니다. 연사가 청바지에 티셔츠를 걸치고 나와도 어색하지 않다. '열정락서'는 인기 가수의 공연이 곁들여지기도 한다. '강연 100℃'에서는 어려운 환경 속에서 성악가의 꿈을 키워 가는 일반인 연사가 자신의 이야기와 함께 노래를 들려준다. 청중들은 마치 공연장에 온 듯 환호하고 박수 치며 강연회를 즐긴다.

TED콘퍼런스에서 이뤄진 강연들 하나하나가 녹화되어 TED 토크라는 이름으로 웹사이트에 공개되는 것처럼, 강연 동영상들은 대부분 촬영돼 공개된다. 데이터 전송 기술이 급격히 발달하면서 이동하는 중에도 모바일 기기로 용량이 큰 동영상을 감상하는 게 많은 사람들의 일상이 되었다. TED토크나 TED 스타일의 짧은 강연 동영상들은 이동하면서도 보기 적당한 모바일 콘텐츠로 떠올랐다.

이제 사람들은 내 손 안의 강연을 언제 어디서나 즐긴다. 모바일 기기 보급이 세계 최고 수준인 한국에서 이는 새로운 형태의 지적 오락이라고 해도 과언이 아니다.

TED 문화: 참여와 실천, 열정

2012년 5월 23일, TED의 연사 오디션이 서울에서 열렸다. TED 스타일이 무엇인지, TED 문화가 무엇인지 생생하게 보여 준 자리였다. TED 연사 오디션은 2012년 4월 17일 카타르 도하에서 시작해 영국 런던, 남아프리카공화국 요하네스버그 등을 거쳐 여덟 번째 개최지인 한국에 왔다. 크리스 앤더슨이 이 오디션을 참관하기 위해 직접 한국을 찾았다.

TED 2013의 연사를 뽑기 위한 이 오디션에 70여 명이 참가 신청을 했고, 1차 동영상 심사를 통과한 17명이 자신의 이야기를 청중 앞에서 풀어 낼 기회를 얻었다. 참가자들의 직업은 학생, 게임 디자이너, 건축가, 과학자, 화가, 음악가, 애널리스트, 한의사 등 무척 다양했다. 남들과는 차별되는 자신만의 콘텐츠를 보여 줘야 하는 만큼, 창의적인 일을 하는 경우가 많아 보였다. 프레젠테이션은 영어로 해야 한다는 가이드라인이 있었지만, 몇몇 참가자들은 한국어로 발표를 진행했다.

내 눈길을 가장 많이 끈 참가자는 최연소 참가자였던 중학교 3학년 장동우 군이었다. 장동우 군은 중학교에 들어간 뒤 취미로 혼자 활을 깎기 시작했다고 한다. 장군은 '혼자서 연구해서 가장 잘 맞도록 만든 활이 나중에 보니 한국의 전통 목궁과 똑같이 생겼더라.'며 이른바 문화적 DNA에 대한 자신의 생각을 당당하게 풀어 나갔다.

장 군은 영어 문장을 열심히 암기해 나온 티가 역력했는데, 말하다가 틀리면 문장 맨 앞부분으로 돌아가 다시 이야기를 읊기 시작하는 모습이, 서투르기보다는 귀여워 보였다. 자신이 직접 만든 활까지 들고 나온 장 군은, 과녁을 향해 활을 쏴 명중시키는 퍼포먼스로 프레젠테이션의 마지막을 장식했다. 프레젠테이션의 하이라이트였던 이 퍼포먼스는 청중의 입을 떡 벌어지게 만들었고, 앤더슨을 포함해 많은 사람들이 기립 박수를 보냈다.

2008년 한국에 온 탈북자 출신의 여대생 이현서 씨는 자신의 경험을 이야기하며 탈북자에 대한 관심과 지원을 호소했다. 이 씨는 열일곱 살 때 북한을 홀로 탈출했고 10년 이상 중국에서 숨어 지내다 한국에 왔다. "북한에서 탈출해 중국에서 지낼 때 못지않게 한국에서도 이질감을 느낀다."고 털어놓았고 눈물을 보이기도 했다.

멀티미디어 검색 전문 업체 엔써즈의 미국 지사장인 셔먼 리 Sherman Li는 새로운 동영상 검색 기술을 소개했다. 기존의 기술은 동영상에 포함된 키워드를 근거로 동영상을 검색했지만 새 기술은 키워드가 아니라 이미지 자체의 특성을 분석해 검색한다. 동영상을 프레임으로 잘게 나눠 분석하고 10초 이상 중복되는 이미지가 있으면 동일한 동영상으로 취급한다. 따라서 같은 동영상이 중복 검색되던 기존 기술의 문제점을 극복하고 보다 정확한 검색을 할 수 있다는 것이다.

게임 디자이너 피터 리Peter Lee는 즉석에서 여러 사람이 함께 즐길 수 있는 간단한 게임을 진행해 청중석을 한때 와자지껄한 놀이터로 만들어 놓았고, 오감을 사용한 디자인에 대해 발표한 디자이너 이진섭 씨는 "나의 발표 역시 청중의 오감을 자극했으면 좋겠다."며 청중석을 향해 알록달록한 포장지에 싸인 사탕을 던지는 재치를 보여 줬다. 바이올리니스트 박지혜 씨는 우울증을 음악으로 극복한 경험을 소개하며 열정적인 연주를 선보였다.

모든 발표가 다 흥미로운 것은 아니었고, 진행이 매끄럽지 못한 경우도 있었다. 그러나 TED라는 플랫폼을 활용해 나의 이야기를 하고 싶어 하는 사람들이 한국에도 많다는 것을 확인했고, 이런 이야기를 기꺼이 들으려는 사람들 또한 많다는 것을 확인할 수 있었다. 가치 있는 이야기를 하려는 열정, 이런 이야기를 들으려는 열정으로 뜨거운 자리였다.

오디션에서는 발표자뿐 아니라 관객도 참여하는 일종의 자유 발언대 같은 순서도 진행됐다. 크리스 앤더슨은 전반부를 끝내면서 "휴식 시간 후에 청중 가운데 원하는 사람들은 나와서 세계가 한국

에서 배워야 할 세 가지를 이야기해 달라."고 공지했다. 그런데 후반부가 시작되자마자 이야기를 하고 싶어 하는 희망자들이 무대로 몰려서 수를 제한해야 할 정도였다.

거창한 이야기가 아니더라도 남들 앞에서 자신 있게 말하는 발랄함이 인상적이었다. 어떤 발표자는 '여러 차수로 이어지는 한국의 멋진 술 문화를 세계가 배워야 한다.'는 재미있는 주장을 펴기도 했다. 남들 앞에서 뭔가를 이야기해야 할 때 긴장과 부담을 느끼는 사람들도 많은데 이들에게는 그런 모습이 별로 보이지 않았다. 그런 문화에 익숙한 것이었다. 영어를 원어민처럼 잘하지 못해도 주눅 들지 않았다. 자신감이 있었다.

청중의 대부분은 TED토크를 통해 이미 TED에 대해 알고 있었고, TEDx 이벤트에 참가해 봤거나 직접 기획해 본 경우도 있었다. 오디션이 끝난 뒤엔 미리 받은 양식에 각 오디션 참가자에 대한 평가를 적어 냈다. 참가자들의 발표 동영상은 이후 다른 나라에서 열렸던 오디션 동영상과 함께 TED 연사 오디션 웹사이트에 올라 세계 네티즌들의 인기투표에 부쳐졌다. 인기투표 결과와 청중의 평가, 그리고 TED 측의 평가 등을 종합해 전 세계에서 오디션을 거친 새로운 TED 연사들이 탄생했다. 투표는 끝났지만, 전 세계 오디션 참가자들의 토크 동영상은 월드 탤런트 서치 웹사이트에서 볼 수 있다.[86]

'젊은이, 현자, 새로운 사람The Young, The Wise, The Undiscovered.'

TED 2013의 주제다. TED 2013은 젊은이와 현자, 그리고 이전에 알려지지 않았던 연사들을 무대에 세운다. 『총, 균, 쇠Guns, Germs, and Steel』의 저자 재러드 다이아몬드Jared Diamond, U2의 보노Bono, TED 2011에서 가상 합창단 프로젝트를 소개했던 작곡가 에릭 휘태커, 보도사진가 세바스티앙 살가도Sebastiao Salgado, '인터넷의 아버지' 중 한 사람으로 꼽히는 컴퓨터 공학자 빈턴 서프Vinton Cerf 등 예년에도 그랬듯이 여러 분야에서 세계적인 명성을 얻고 있는 연사들이 무대에 선다.

또 전 세계에서 오디션을 통과한 새로운 얼굴 34명이 이들과 어깨를 나란히 한다. 이 중에는 한국인 연사 네 명이 포함됐다. 황 디자이너 장동우 군, 바이올리니스트 박지혜 씨, 오감 디자이너 이진섭 씨, 탈북자 출신 활동가 이현서 씨가 그들이다. 이 가운데 장동우 군을 제외하고는 모두 국내 TEDx 이벤트에서 연사로 섰던 경험이 있다. 오디션을 거친 것은 아니지만, TED 스태프들의 모임에서 두각을 나타낸 열정적인 독서가 리사 부Lisa Bu 역시 TED의 연사가 되었다. 리사 부는 TED 스태프들 가운데 TED 메인 스테이지에 선 첫 번째 사례로 기록되었다.

당신도 같이할 수 있다!You can play this game, too! TED 오디션을 비롯한 다양한 통로를 통해 연사를 선발한 TED는 미국에 근거를 둔 유명 인사가 아니라도 TED 무대에 설 수 있는 가능성을 열어 놓았다. 또 원하기만 하면 누구나 연사 선발 과정에 일정 정도 참여할 수 있게 했다. 단순한 구경꾼에 머무르지 않고 자발적인 참여와 실천으로 나아가게 하는 TED의 문화다. 덕분에 TED 2013에서는 네 명의 한국인뿐 아니라 다양한 국적의 연사들이 자신만의 이야기를 갖고 객석의 청중을, 그리고 웹으로 연결돼 있는 전 세계의 청중을 만날 수 있게 되었다.

'TED 문화'는 TED토크뿐 아니라 지금도 전국에서 끊임없이 조직되는 TEDx 이벤트들을 통해 널리 전파되고 있다. TED 같은 콘퍼런스를 우리 힘으로 열고, 지금 여기 우리의 이야기를 통해 가치 있는 아이디어를 퍼뜨리고, 이를 통해 세상을 바꾸고 싶다는 열정을 가진 사람들이, 아무런 대가를 바라지 않고 자발적으로 모여서 새로운 장을 만들어 내는 것이다. 그리고 이런 취지에 호응하는 연사와 청중들이 모여 공명을 이룬다. 참여와 실천, 열정을 이끌어 내는 힘. 바로 TED가 문화 현상으로 떠오른 이유다.

TED, 비판받다

TED에 매료된 사람들이 점점 늘어나고 TED의 명성이 더욱 높아지면서, 한편으로는 TED에 대한 비판론도 등장한다. 어떤 사안에 대해서 여러 시각이 있을 수 있기에 TED 역시 논란과 비판의 대상이 되는 것은 당연한 일이다.

우선 가장 흔한 비판은 TED의 엘리트주의에 관한 것이다. 고액의 콘퍼런스 참가비를 내야 할 뿐 아니라 돈이 있다고 아무나 참가할 수 있는 것도 아니기 때문에, 소수 특권층을 위한 그들만의 잔치라는 지적이다. 또 TED 참가자들의 대다수가 미국인-백인-남성이라는 비판도 있다.

18분간의 TED토크 형식에 대한 비판도 종종 나온다. TED토크는 청중에게 영감을 주기 위해 사전에 세심하게 통제·연출·구성된다. TED토크는 여러 차례의 리허설을 통해서 완성되는데 이 과정에서 연사가 원래 의도했던 내용보다는 청중의 관심을 끌 만한 부분이 새롭게 강조되기도 한다. 이 때문에 TED토크는 마치 통조림처럼 가공된 토크쇼에 불과할 뿐, 의미 있는 메시지나 정보를 제대로 담아 낼 수 없다는 비판을 받기도 한다. 충분히 검증되지 않은 아이디어라도 TED에서 소개되면 쉽게 사람들의 관심과 지원을 받을 수 있으니 내용보다는 포장에 신경 쓰게 된다는 지적도 있다.

실제로 『블랙 스완The Black Swan』의 저자이며 TED 콘퍼런스에 연사로 서기도 했던 나심 탈레브Nassim Taleb는 TED가 "과학자와 사상가들을 마치 서커스 단원처럼 낮은 수준의 엔터테이너로 만든다."고까지 말했다. TED 콘퍼런스 창립자이며 스스로 TED토크의 포맷을 만들어 냈던 리처드 워먼이 새로운 포맷의 'WWW콘퍼런스'를 선보인 것 역시 비슷한 맥락이다. 이 콘퍼런스는 각 분야 전문가들의 색다른 만남을 통해 즉석에서 이뤄지는 현장감 넘치는 대화를 강조한다. 사전에 조율된 18분짜리 단독 토크로는 담아 낼 수 없는 통찰력을 보여 주겠다는 것이다.

그러나 TED는 어차피 전문적인 학술 포럼이 아니라는 점을 기억해야 한다. TED토크는 다양한 분야를 아우르는 청중, 그리고 더 나아가 인터넷으로 이를 접하는 세계 네티즌을 상대로 한 것이다. TED토크의 형식은 '가치 있는 아이디어의 확산'이라는 TED의 미션에 알맞게 만들어졌다. 그리고 이 형식은 대부분의 경우 이 미션을 효과적으로 달성하는 데 도움을 준다. TED토크가 연출된 쇼일지라도, TED토크에서 영감을 받는 사람들이 많다는 사실은 변하지 않는다.

TED에 대한 또 다른 비판은 TED가 '세상을 바꾸는 포럼'을 표방하고 있지만, 제3세계 빈곤과 질병 퇴치 문제, 환경 문제 등의 안전한 주제만 건드리며, 기술에 대한 과도한 낙관주의와 기술 만능주의를 조장한다는 것이다. 그러면서 TED에 참가한 돈 많은 참가자들에게 '사회에 공헌하고 있다.'는 만족감을 제공하는 데 그친다는 것이다. 이런 비판은 TED가 2012년 벤처 캐피털리스트 닉 하나우어Nick Hanauer의 TED대학 강연을 TED웹사이트에 올리지 않기로 한 결정을 계기로 더욱 거세졌다.

소득 불평등에 대한 하나우어의 5분짜리 토크는, 부자들은 일자리를 창출하지 못하며 부유층에 대한 세금 감면은 중산층에 해롭다는 취지였다. 부유층 세금 감면 문제는 미국 공화당과 민주당이 첨예하게 대립한 사안이었다. 공화당은 부유층으로부터 힘들게 얻은 투자 자본을 빼앗는다면 일자리를 말살하게 될 거라고 주장하지만, 민주당은 부유층이 일자리 창출에 그리 기여하지 못하고 있다는 입장이다. 크리스 앤더슨이 닉 하나우어의 이 토크가 지나치게 정치적이고 논쟁적이라는 이유로 TED웹사이트에 올리지 않기로 했다고 밝히면서 TED는 한동안 도마 위에 올랐다.

TED는 전통적으로 정치인들보다는 기업인, 혁신가, 과학자, 발명가, 예술가들이 많이 참석하는 콘퍼런스다. TED는 정치에서 거리를 두면서, 정파를 넘어 혁신의 진원지로 사회 전반에 큰 영향력을 미치는 콘퍼런스로 자리매김해 왔다. 이런 상황에서 정치적 논쟁에 휘말리는 것은 도움이 되지 않는다고 판단했을 것이다. 물론 비정치, 탈정치를 강조하는 것 자체가 지극히 정치적인 행위일 수 있지만, 특히 미국 국내 정치와 거리를 두겠다는 TED의 노선에 나름의 이유는 있어 보인다.

TED 측에서도 이런저런 비판과 논란이 있다는 것을 의식하고 있다. TED 웹사이트에서는 'TED는 엘리트주의인가?'라는 질문에 대해 대답하는 형식으로, TED 비판에 대한 입장을 일부 밝히고 있다. TED의 주장은, TED에 각 분야의 엘리트로 여겨지는 전문가들이 많이 참석하는 건 사실이지만 폐쇄적이고 배타적인 엘리트주의와는 거리가 멀다는 것이다. TED는 그 근거로 TED토크는 누구나 웹사이트에서 자유롭게 볼 수 있고, TED펠로 프로그램이나 전 세계에 확산되는 TEDx를 통해 가능한 한 많은 사람들에게 TED를 개방하고 있다는 것을 들고 있다. 또 비싼 참가비는 TED토크를 더 많이 보급하는 데 드는 비용 때문에 불가피하며, 이익은 모두 TED프라이즈와 TEDx 프로그램, TED에드, 번역 프로젝트 등에 사용한다고 밝혔다.

TED에는 앞서 언급한 것처럼 폐쇄성과 개방성이 공존한다. TED토크의 공개나 TEDx 같은 개방 프로젝트들은 수많은 엘리트들이 기꺼이 큰돈을 지불하고 참가하는 TED콘퍼런스의 인기 없이는 이뤄질 수 없었다. TED는 계속해서 거액의 참가비를 내는 청중과 후원 기업을 끌어들이기 위해 '아무나 못 가는 특별한 콘퍼런스'라는 위상을 유지할 필요가 있다. TED의 폐쇄성과 개방성은 이렇게 엮여 있다. 모순되는 두 성격을 절묘하게 배합해 놓은 것이 TED 성공의 비결 중 하나다. 그러므로 이런 시스템에서는, 아무리 TED가 급진적인 개방성을 주창하더라도 TED콘퍼런스 자체가 진정으로 개방적인 콘퍼런스가 되는 것은 사실상 불가능하다.

TED에 대한 비판 중에는 일리 있는 주장도 많다. 하지만 이런 비판이 있다고 해서 TED가 의미 없는 것이라고 할 수는 없다. 오히려 TED에 대한 비판이나 논란이 요즘 활발하게 등장하는 것은, TED의 영향력이 그만큼 커졌고 TED가 벌이는 일들에 대한 관심이 커진 현실을 방증하기도 한다. 여러 비판에도 불구하고 TED의 영향력이 수그러들거나 'TED 문화'의 확산이 중단될 것 같지는 않다. TED에도 명암이 함께 존재하겠지만, TED의 그늘은 TED의 밝음보다는 훨씬 작아 보이기 때문이다.

사실 'TED는 엘리트주의인가?'라는 질문에 대한 TED의 답은 TED가 변모해 온 과정을 그대로 보여 주는 것이기도 하다. TED는 지금도 계속해서 변하고 있다. 물론 TED가 비판을 피하기 위해 변하는 것은 아니다. 그러나 TED는 시대와 사람들의 요구에 맞춰 끊임없이 혁신하고 때로는 시대를 앞서 가며 변화를 선도해 왔다. 앞으로 TED가 어떻게 변모해 나갈지, 지켜보기로 하자.

TED는 현재진행형

최근 TED는 전 세계에 일고 있는 '풀뿌리 TED'인 TEDx 열기에 힘입어 새로운 전기를 맞고 있다. TEDx 오거나이저나 TED토크 번역 자원봉사자들은 지금도 전 세계에서 '가치 있는 아이디어의 확산'이라는 목표를 공유하며 TED 문화의 전도사로 활동한다. 이들은 TED액티브나 TEDx 오거나이저 워크숍을 통해 자신들의 목소리를 내면서 TED의 변화에 원동력이 되고 있다. 열정을 가진 이들이 주축이 되어 새로운 프로젝트가 계속 추진되고 있는데, 대표적인 것은 TEDx 토크의 번역 프로젝트다.

지금까지는 영어로 된 TED토크를 각국어로 번역하는 작업이 진행됐지만, 이에 그치지 않고 각국어로 된 TEDx토크를 영어나 다른 언어로 번역한 자막을 달아 더 널리 보급하겠다는 것이다. TEDx 이벤트가 각국에서 성공적으로 치러지고 있고, TED콘퍼런스에 못지않은 수준의 강연이 많이 나오면서 TEDx 오거나이저들을 중심으로 필요성이 제기됐다. TED토크가 번역을 통해 중앙에서 지방으로 보급된 셈이라면, TEDx토크가 번역을 통해 지방에서 중앙으로 전달되고, 다시 다른 지방으로 확산될 가능성도 열리는 것이다.

TED는 완료형이 아니다. 끊임없이 변모하는 현재진행형이다. 내가 이 책을 쓰기 시작한 이후에도 TED는 크게 변모해 왔다.

이 과정을 살펴보다 보니 처음에 TED토크에 집중됐던 나의 관심도 TED가 왜, 어떻게 변하고 있는지로 차츰 옮겨지게 되었다. 이 때문에 앞선 장에서 썼던 내용이 이미 구문이 되어 버려 다시 써야 하는 경우도 종종 있었다. 책 쓰는 데에는 애를 먹었지만, 현재진행형이라는 것은 TED의 큰 매력이다.

TED는 끊임없이 살아 움직이며 퍼지고 있다. 영어 공부를 위해서든, 관련 분야의 지식을 얻기 위해서든, 영감을 얻기 위해서든 지금도 누군가는 수많은 TED토크 중의 한 편을 보고 있을 것이다. 그리고 누군가는 이 TED토크에 감동을 받아 이메일로, 페이스북으로, 트위터로, 주변 사람들에게 그것을 퍼 나르고 있을 것이다.

그리고 이 중 누군가는 자신이 재미있게 본 TED토크를 우리말로 번역해 더 많은 사람들에게 알려 주고 싶다는 생각을 갖게 될지도 모른다. 또 누군가는 '나도 이런 멋진 이야기들이 나오는 강연회를 직접 만들어 보자.'는 소망을 품게 될지도 모른다. 그리고 그들 중 어떤 이는 TED를 통해 세상을 좀 더 나은 곳으로 바꿔 보자는 꿈을 꾸게 될지도 모른다.

TED토크를 보는 것에서 시작해서, 가치 있는 아이디어를 널리 알리는 데 내가 어떤 식으로든 기여할 수 있다는 생각을 갖게 되는 것, 그리고 실제로 행동에 나서게 되는 것. TED 문화다. TED 문화를 만들고 퍼뜨리는 가장 중요한 주인공은 크리스 앤더슨이나 TED토크의 연사들이 아니다. TED를 좋아하는 사람들, TED토크에서 영감을 받은 사람들, 그 영감을 남들과 나누고 싶어 하는 사람들이다. 바로 당신처럼.

©James Duncan Davidson

미디어 아티스트 민세희 씨는 서울에 있는 데이터 시각화 스튜디오 랜덤웍스의 창립자이다. 데이터들 사이의 숨은 관계를 찾아내 이를 구조화·시각화하면 사람들의 각성을 이끌어 내고 세상을 바꿀 수 있다는 믿음으로 다양한 데이터 시각화^{Data visualization} 작업을 하고 있다. 한국에서 고등학교 졸업 후 미국에서 디자인과 프로그래밍을 공부했고, MIT 센서블시티 랩^{SENSEable City Lab}에서 근무했다.

2010년에 한국 국적으로는 처음으로 TED펠로로 선발됐다. 2011년 TED콘퍼런스부터 TED펠로 자격으로 참가하고 있다. 2012년에는 TED시니어펠로가 되었다. TEDx부산, TEDx명동에서도 '변화를 이끌어 내는 데이터 시각화'를 주제로 강연을 했다.

인터뷰는 민세희 씨가 2011년 TED콘퍼런스에 처음 TED펠로 자격으로 참가한 직후, 그리고 2013년 1월 서울에서, 두 차례에 걸쳐 진행되었다.

TED펠로에 지원하게 된 동기는?

이전부터 TED토크를 즐겨 보면서 관심을 가졌다. TED 자체가 영향력이 큰 브랜드이기도 하고, 내 전문인 데이터 분야를 다룬 TED토크 중에 훌륭한 내용이 많아서, TED펠로가 되면 좋겠다고 생각했다. 내가 지원했을 당시는 미국에서 데이터 시각화가 큰 이슈로 떠오르는 중이었고, TED에서도 데이터 시각화가 뭔지 따로 설명을 안 해도 잘 알고 있었다. 알아봤더니 이전엔 한국 국적의 펠로가 선발된 적이 없었다. 한국에 기반을 둔 활동으로 TED펠로가 되면 정말 의미 있을 거라고 생각했다. 이전에 교포들이 선발된 적은 있었지만, 모두 외국에 기반을 두고 외국에서 이룬 업적이었으니까. 전략적으로도 한국 국적은 처음이라 TED에서도 좀 더 관심을 가지지 않았을까 싶다.

선발 과정은 어땠나?

2010년 8월에 지원했다. 주로 과거의 작업을 보여 주는 지원서를 냈다. 지원서 쓰는 게 까다로웠다. 질문이 20개쯤 됐는데, 첫 번째 질문이 '3인칭으로 나를 묘사하되, 세 문장으로 하라.'는 것이었다! 이 밖에 남에게 들려주고 싶은 나의 경험, 앞으로 하고 싶은 일, 본업 외의 관심 분야 등을 써야 했는데, 주로 어떤 일을 하고 어떤 생각을 하고 살아 온 사람인지를 보는 것이었다. 나는 서류 전형에서

통과되고 인터뷰를 다섯 번 정도 했다. 1200명 지원자 중에서 20명이 최종 선발됐다. 첫해 펠로 중 미래 가능성에 중점을 두고 시니어 펠로를 다시 뽑아 2년간 더 활동할 수 있게 지원한다. 시니어펠로는 TED콘퍼런스와 TED글로벌에 다 참석할 수 있다. 운 좋게도 시니어펠로로 뽑혀 2013년까지 활동할 수 있게 되었다.

TED펠로는 어떻게 활동하나?

2011년 TED콘퍼런스 시작하기 전 주 토요일에 롱비치 현지에 도착했다. 둘째 날 TED펠로 토크 리허설을 했는데 리허설에서 프레젠테이션 교육을 받았다. 원고 내용에 대한 수정도 이뤄진다. 나도 이전엔 발표 경험이 별로 없었기 때문에 이 과정에서 여러 차례 원고를 뒤집어엎어야 했다. 2012년 TED글로벌에서 TED대학 토크를 했는데, 이때는 원래 내가 발표하겠다고 제안했던 내용 자체를 바꿨다. TED 측에서 먼저 콘퍼런스 콜로 발표 리허설을 시켰는데 그걸 보더니 내용을 바꾸자고 했다.

사교 모임도 많다. TED펠로들끼리는 굉장히 친해진다. 같은 분야에 종사하는 사람들끼리 TED데이터TEDdata라는 모임을 결성했다. TED 후원자들이 주최하는 파티에도 참석하는데, 캐머런 디애즈, 데미 무어Demi Moore, 애시턴 커처Ashton Kutcher 같은 유명 배우들이 왔다. 다양한 주제의 워크숍도 열린다. 이를테면 TED펠로 중에 비영리 단체 운영자가 많은데, 어떻게 내가 하고 있는 일을 알리고 어떻게 펀딩을 받는가 이런 주제로 워크숍이 열리는 거다. 펠로들끼리 서로 자신의 전문 분야를 다른 펠로들에게 알리는 워크숍을 열기도 한다.

밖에서만 보다가 TED콘퍼런스를 안에서 보니 어땠나?

인터넷을 통해 TED토크를 공개하고, 여러 프로젝트를 진행하면서 '열린' 콘퍼런스로 이미지 메이킹을 하고 있지만, 실제로 가 보니 굉장히 폐쇄적인 콘퍼런스라는 생각이 들었다. 그 안에서는 굉장히 자유롭고 평등해 보이지만, 안에 들어가기는 쉽지 않다. 문은 열려 있고 노는 게 보이는데, 접근은 하기 어렵다고 할까. 그렇지만 전체적인 분위기는 굉장히 소탈한 것이 인상적이었다. 서양 세계, 아니 미국이 가진 장점이라고 생각한다.

또 TED를 아카데믹한 콘퍼런스로 오해하는 사람들도 많지만, 사실은 굉장히 잘 만들어진 대중적인 콘퍼런스 쇼 같았다. 지루할 틈이 없게 다양한 프로그램을 잘 배치해 놓았다. 짧은 시간 내에 다양한 분야의 다양한 시각을 접할 수 있게 한 점이 좋았다.

인상적이었던 TED토크는?

콘퍼런스에 직접 가서 보니, 자신의 경험과 매치되고 공감할 수 있는 이야기, 아주 쉽고 근본적인 이야기가 호응을 얻는 것 같다. 2011년 처음 갔을 때에는 아기의 '가가'라는 옹알이가 '워터'로 되는 과정을 이야기한 데브 로이의 TED토크가 좋았다. 누구나 아기가 말을 떼는 과정을 직·간접적으로 지켜본 경험이 있지 않은가. 반면 너무 전문적이거나 동떨어진 얘기를 하는 경우는 별로 호응이 좋지 못했다.

TED펠로가 되고 나서 어떤 점이 달라졌나?

도움을 많이 받았다. TED 프리미엄이 있는 것 같다. TED 덕분에 인정을 받았고 명성을 얻었다. 미국에서 TED펠로라고 하면 많이 알아주는데, 한국에서도 TED가 많이 알려져서 여기저기서 강연 요청도 들어온다. TED 덕분에 브랜드가 생겼다고나 할까. 나는 직접적으로 TED를 통해 펀딩을 받은 적은 없지만, 친구들 중에는 TED에 참가한 걸 계기로 후원자를 만난 경우가 꽤 있다.

사실 TED는 '나는 특별한 사람이다.'라고 생각하게 만드는 묘한 힘이 있다. 그런 힘이 세상을 바꿀 수도 있는 열정을 끌어내기도 한다. 그런데 TED에 너무 취해 있는 건 문제다. 나도 처음 갔을 때는 그저 멋지고 좋다고만 생각했는데, TED펠로로 여러 차례 TED

에 참가하면서 조금씩 시각이 바뀌었다.

2012년 TED콘퍼런스에서 "TED 무대에 서는 게 일생의 꿈이었다."며 엄청나게 감격스러워하는 사람을 봤다. 하지만 TED는 내가 어떤 일을 하는 과정 중에 같이 가는 시간이어야 하지, TED 자체가 목적이 될 수는 없다. TED의 원래 목적이 '가치 있는 아이디어의 확산' 아닌가. 그런데 이 목적보다는 그저 TED 안에 있다는 게 중요하고, TED라는 브랜드에만 지나치게 매달리는 경우도 있는 것 같다.

민세희 씨 이후로 매년 한국인 TED펠로가 선발되고 있다.

2012년에는 그래픽 디자이너인 강이룬, 2013년에는 프로그래머이자 인터랙션 디자이너인 이진하 씨가 선발되었다. 나와 친분이 있는데 아주 똑똑한 친구들이다. 처음 TED에 갔을 때, 한국인이 너무 없어서 굉장히 아쉬웠다. 연사는 물론이고 객석에도 한국인이 정말 드물었다. 일본인이나 중국인들은 상대적으로 많아 보였는데. 우리의 이야기를 할 수 있는 한국인 연사나, 그 이야기에 더 공감해 줄 수 있는 한국인 청중도 지금보다는 더 많아지면 좋겠다.

한국의 TEDx에서도 강연했는데, TEDx 열풍을 어떻게 보는가?

TEDx 행사에 가보면 사람들의 열정이 참 대단하다는 걸 느낀다. TEDx부산에서 강연하기 위해 서울에서 내려갔는데 나를 데리러 스태프 한 사람이 나왔다. 원래 직업이 있는 분인데 나를 마중하려고 일부러 휴가까지 냈다고 한다. 아무런 대가 없이 자신의 시간까지 희생해 가며 그렇게 열심인 걸 보니 정말 감탄스러웠다.

그런데 TEDx 행사 중에 여러 차례 지속되는 행사가 많지는 않다고 하더라. 그냥 TED라는 브랜드 때문에 하는 경우다. TED가 유명하니까, TEDx가 유행이니까 한번 해 보자는 식으로는 의미 있는 행사를 만들기 어렵다. 가끔 TED를 지나치게 선망하는 사람들도 만난다. 그러다 보니 국내 콘퍼런스들이 TEDx라는 형식으로 획일화하는 경향도 보인다. 하지만 이건 TED가 추구해 온 개방성이나 다양성과는 오히려 배치되는 것 같다. 그 많은 TED토크들이 다 훌륭한 것은 아니지 않은가. 개개인이 중심을 잡고 TED의 좋은 점만 받아들이면 되는 것이다.

'TED 문화'가 뭐라고 생각하나?

소탈함. 자유로움. 개방성. 탈권위. 그리고 끊임없이 변화하는 것.

맺음말
TED의 미래

TED는 2014년에 탄생 30주년을 맞는다. TED는 2014년의 TED콘퍼런스가 '다음 장(The Next Chapter)'을 주제로 캐나다 밴쿠버컨벤션센터에서 열린다고 발표했다. 1984년 캘리포니아 몬터레이에서 시작됐고, 2009년부터 롱비치에서 열렸던 TED가 5년 만에 밴쿠버로 보금자리를 옮기는 것이다. TED액티브는 밴쿠버에서 90분 거리인 휘슬러에서 열릴 예정이다.

물리적 환경이 바뀌는 것은 어떤 이유에서든 큰 변화를 예고한다. 2014년부터 TED는 참가비를 내는 청중의 숫자를 1200명선으로 다소 줄일 것이라고 밝혔다. 몬터레이에서 롱비치로 옮기면서 콘퍼런스 규모가 갑자기 커져 예전의 오붓한 분위기가 사라졌다는 오랜 팬들의 불만을 의식한 것이다. TED는 콘퍼런스의 규모와 친밀도 사이에 균형을 맞추고, 참가자들끼리 교류를 더 활성화하기 위해 노력하겠다고 밝혔다.

규모와 친밀도 사이에 균형을 맞추는 것도 어렵겠지만, '아무나 참가할 수 없는 특별한 콘퍼런스'와 '누구나 참여하고 공유할 수 있는 아이디어의 플랫폼'을 연결한 TED의 전략 역시 절묘한 균형 감각을 필요로 한다. 참가자 숫자를 줄이면서 콘퍼런스는 예전보다 더 문이 좁아지겠지만, 한편으로는 대중의 폭넓은 참여를 이끌어 내는 프로젝트 역시 더욱 활발하게 진행될 것이다.

TED는 30주년을 맞아 과거의 TED 연사 가운데 인기 있는 100명을 다시 초청할 예정이다. 이들을 선정하는 주체는 TED가 아니라 바로 당신이다. 이 100명이 모두 메인 세션 연사로 다시 서는 것은 아니다. TED는 연사와 청중이 다르지 않은 콘퍼런스다. 이들은 때로는 연사로, 때로는 청중으로 다른 참가자들과 어울리며 TED의 지난 30년을 돌아보고 TED의 '다음 장'을 함께 모색할 것이다.

앞서 말했지만, TED의 지난 30년 중 가장 큰 변화는 크리스 앤더슨이 TED토크를 인터넷에 공개하기 시작하면서부터 시작됐다. 이 기간 동안 TED의 성장을 표현하는 데에는 '폭발적'이라는 말이 잘 어울린다. TED토크는 2012년 가을 10억 건의 조회수를 기록했다. 2006년 TED토크를 인터넷에 공개하기 시작한 바로 그 해에 100만이었던 조회 수가 불과 6년 만에 1000배가 된 것이다. 2009년에 시작된 TEDx는 2012년 2월 현재 전 세계에서 50여 개 언어로 6000번 이상 열렸다.

숨 가쁘게 변화해 온 TED의 다음 장은 어떤 모습이 될까. 크리스 앤더슨은 "TED의 10년 후 모습은 어떨 것 같으냐?"라는 인터뷰 질문에 이렇게 대답한 적이 있다.

> "나도 알면 좋겠어요. 10년은 너무 긴 시간입니다. 누구든 이렇게 빨리 변하는 세상에서 10년 로드맵이 있다고 주장한다면 그건 바보짓이겠죠. 우리는 로드맵이 아니라 나침반을 갖고 있어요. 그 나침반은 바로 우리의 미션, '가치 있는 아이디어의 확산'입니다."[87]

TED는 '가치 있는 아이디어의 확산'을 더 잘 구현할 수 있는 것이라면, 새로운 기술이나 흐름도 재빨리 받아들여 끊임없이 자신을 변화시켜 왔다. TED는 앞으로도 그럴 것이다. 또 확실한 것이 하나 있다. 가치 있는 아이디어를 확산하는 가장 중요한 주체는 바로 TED를 좋아하는 수많은 보통 사람들이라는 것이다. 이들이 TED의 '다음 장'을 여는 주역이 될 것이다.

주(註)

1 《한겨레》 11월 21일자 기사. http://www.hani.co.kr/arti/culture/culture_general/506587.html

2 http://www.ted.com/talks/lang/en/mary_roach_10_things_you_didn_t_know_about_orgasm.html

3 http://www.ted.com/talks/jane_mcgonigal_gaming_can_make_a_better_world.html

4 http://www.ted.com/talks/lang/en/adora_svitak.html

5 리처드 솔 워먼의 인터뷰. http://www.informationdesign.org/special/wurman_interview.htm

6 해리 마크스의 인터뷰. http://www.lynda.com/Creative-Inspirations-tutorials/harrymarksbroadcastdesigner/Starting-TED/51547-4.html

7 《패스트 컴퍼니(Fastcompany)》 2010년 9월 1일자 기사, "How TED connects the idea-hungry elite".

8 에이미 멀린스의 1998년 TED토크. http://www.ted.com/talks/aimee_

mullins_on_running.html

제니퍼 린의 2004년 TED토크. http://www.ted.com/talks/jennifer_lin_improvs_piano_magic.html

9 같은 글.

10 《와이어드(*Wired*)》, 1994년 2월호. http://www.wired.com/wired/archive/2.02/eword.html

11 TED 큐레이터 크리스 앤더슨은 미국의 인터넷 비즈니스 관련 잡지《와이어드(*Wired*)》편집장 크리스 앤더슨과는 동명이인이다. 《와이어드》의 크리스 앤더슨은 『롱테일 경제학』, 『프리』의 저자로 잘 알려져 있으며, TED의 단골 연사이기도 하다. 두 사람을 혼동하지 않도록 각각 이름에 'TED', 'Wired'를 병기하는 경우가 많다.

12 http://www.ted.com/talks/lang/en/chris_anderson_shares_his_vision_for_ted.html

13 《패스트 컴퍼니》, 2010년 1월호.

14 다음 TED의 역사를 참조. http://www.ted.com/pages/16

15 리처드 솔 워먼의 인터뷰(2009년 2월). http://www.youtube.com/watch?NR=1&feature=endscreen&v=3dg1Mj4Kyag

16 http://www.facebook.com/TED

17 http://www.ted.com/talks/bill_doyle_treating_cancer_with_electric_fields.html

18 http://www.ted.com/talks/brian_goldman_doctors_make_mistakes_can_we_talk_about_that.html

19 http://www.ted.com/talks/alain_de_botton_atheism_2_0.html

20 http://www.ted.com/talks/scott_rickard_the_beautiful_math_behind_the_ugliest_music.html

21 http://www.ted.com/talks/julian_baggini_is_there_a_real_you.html

22 《패스트 컴퍼니》, 2010년 1월호.

23 애플의 무료 강좌 및 교육 콘텐츠 호스팅 서비스. 애플은 과거 아이튠즈의 부속 메뉴이자 팟캐스트의 연장으로 영상 강의를 볼 수 있도록 했던 아이튠즈 U를 2012년 독자적인 전용 앱으로 발표했다.

24 이준환 서울대 언론학부 교수, 2011년 TEDxSNU 강연.

25 크리스 앤더슨, 2010년 10월 Beet.TV와의 인터뷰에서. http://www.beet.

tv/2010/10/teds-chris-anderson-declares-video-is-redefining-the-spoken-word.html

26 크리스 앤더슨, TED글로벌 2011 토크 중에서.

27 http://www.ted.com/talks/lang/en/roger_ebert_remaking_my_voice.html

28 http://www.ted.com/talks/lang/en/bill_gates_unplugged.html

29 낸시 두아르테는 『공명하다(Resonate)』에서 TED토크를 훌륭한 프레젠테이션의 사례로 자주 언급한다. 대표적으로 보스턴 필하모닉 오케스트라의 지휘자 벤저민 잰더(Benjamin Zander)의 2008년 TED토크를 소개한다. http://www.ted.com/talks/benjamin_zander_on_music_and_passion.html

30 이 프로그램은 http://www.gapminder.org에서 직접 활용해 볼 수 있다. 구글은 2007년 이 프로그램을 사들여 2010년 '구글 퍼블릭 데이터 익스플로러'라는 서비스를 시작했다. 이 서비스는 공공 데이터를, 움직이는 그래프로 제공한다. 구글 창립자들은 한스 로슬링을 TED에서 만났다.

31 TED 웹사이트 한스 로슬링 소개글 중에서. http://www.ted.com/speakers/hans_rosling.html

32 《뉴욕 타임스》 2010년 9월 26일자 기사, "A conference makes learning free (and sexy)".

33 http://www.ted.com/talks/hans_rosling_reveals_new_insights_on_poverty.html

34 고등학교를 무대로 화려한 춤과 노래, 청춘과 꿈과 사랑이 펼쳐지는 디즈니 뮤지컬. 미국 텔레비전 드라마로 먼저 선보였고, 선풍적인 인기를 끌면서 영화, 공연으로도 만들어졌다.

35 클레이 셔키, 이충호 옮김, 『많아지면 달라진다』(갤리온, 2011), 30~32쪽.

36 가상합창단 1.0 영상. http://www.youtube.com/watch?v=D7o7BrlbaDs

37 가상합창단 2.0 영상. http://www.youtube.com/watch?v=6WhWDCw3Mng
한국어 자막 버전. http://www.ted.com/talks/eric_whitacre_a_virtual_choir_2_000_voices_strong.html
가상합창단 3.0 영상. http://ericwhitacre.com/the-virtual-choir

38 SBS가 2004년부터 개최해 온 비영리 국제 포럼. 매년 T.I.M.E.(Technology,

Information, Media and Entertainment) 산업과 주요 글로벌 이슈들을 선도하는 연사들을 초청해 왔다.

39 에릭 휘태커의 가상 합창단 3.0 '워터 나이트(Water Night)'에는 73개국 3746명이 참여했고, 2012년 4월 최종 영상이 발표되었다.

40 대니얼 카너먼. http://www.ted.com/talks/daniel_kahneman_the_riddle_of_experience_vs_memory.html
데이비드 캐머런. http://www.ted.com/talks/david_cameron.html
에스더 듀플로. http://www.ted.com/talks/esther_duflo_social_experiments_to_fight_poverty.html
마이클 셔머. http://www.ted.com/talks/michael_shermer_the_pattern_behind_self_deception.html

41 http://www.ted.com/talks/adora_svitak.html

42 북셰어 웹사이트 http://www.bookshare.org, 마터스 웹사이트 https://www.martus.org

43 TED콘퍼런스 역시 1년간 지속되는 멤버십으로, 참가자들은 1년간 TED북 클럽에서 선정한 책들과 함께 각종 기념품을 받아 보게 된다.

44 《옵저버(The Observer)》 2010년 7월 4일자 기사, "TED-the ultimate forum for blue-sky thinking."

45 배리 슈워츠의 TED토크. http://www.ted.com/talks/barry_schwartz_on_the_paradox_of_choice.html

46 《패스트 컴퍼니》 2010년 9월 1일자 기사, "How TED Connects the Idea-Hungry Elite."

47 http://www.ted.com/talks/ric_elias.html

48 댄 애리얼리의 TED토크. http://www.ted.com/talks/lang/en/dan_ariely_on_our_buggy_moral_code.html

49 제프 한의 TED토크. http://www.ted.com/talks/jeff_han_demos_his_breakthrough_touchscreen.html

50 존 언더코플러의 TED토크. http://www.ted.com/talks/john_underkoffler_drive_3d_data_with_a_gesture.html

51 안토니 아탈라의 TED토크. http://www.ted.com/talks/anthony_atala_printing_a_human_kidney.html

52 로런스 레식 교수가 저작권의 부분적 공유를 목적으로 만든 비영리 기관 '크

리에이티브 커먼즈'에서 제공하는 라이선스. 자신의 저작물에 대해 일정한 조건만 충족하면 누구나 자유롭게 사용할 수 있도록 허락한다.

53 찰스 리드비터의 TED글로벌 2005 토크. http://www.ted.com/playlists/ 13/open_source_open_world.html
클레이 셔키의 TED 2001 토크. http://www.ted.com/talks/clay_shirky_ how_cognitive_surplus_will_change_the_world.html
《와이어드》 크리스 앤더슨의 토크. http://www.ted.com/talks/chris_ anderson_of_wired_on_tech_s_long_tail.html?quote=1547

54 《뉴욕 타임스》 2007년 4월 16일자 기사, "Giving Away Information, but Increasing Revenue."

55 《패스트 컴퍼니》 2010년 9월 1일자 기사, "How Ted Connects the Idea-Hungry Elite."

56 http://blog.ted.com/2006/03/01/sharing_ted_mom/

57 http://www.ted.com/talks/aimee_mullins_on_running.html

58 《뉴욕 타임스》 2007년 5월 5일자 기사, "Where Artists and Inventors Plot to Save the World."

59 송인혁, 『화난 원숭이들은 어디로 갔을까』(아이앤유, 2011), 150쪽.

60 http://www.ted.com/talks/jamie_oliver.html

61 http://www.jamieoliver.com/us/foundation/jamies-food-revolution/ home

62 건축가이며 디자이너인 데이비드 록웰(David RockWell)이 이끄는 디자인 그룹. 데이비드 록웰은 2007년과 2010년 TED콘퍼런스에 연사로 참여했다.

63 http://www.ted.com/talks/lang/en/jr_s_ted_prize_wish_use_art_to_ turn_the_world_inside_out.html

64 미국 대통령 부인 미셸 오바마는 4억 달러가 투입되는 '함께 움직입시다 (Let's Move).'라는 어린이 비만 퇴치 캠페인을 벌이고 있다. 제이미 올리버 는 TED토크에서도 이 캠페인을 지지해야 한다고 언급했다.

65 미국 ABC 채널은 제이미 올리버의 TED콘퍼런스 참석까지 취재해 2010년 봄, '제이미 올리버의 음식 혁명'이라는 다큐멘터리를 방영했다.

66 TED 블로그 '첫 번째 TEDx 오거나이저 이야기' 중에서. http://blog.ted. com/2012/04/17/the-story-of-the-first-tedx-qa-with-krisztina-z-holly/

67 TEDxUSC 2009 행사 전반에 관해 자세히 기록한 이 문서는 지금도 구글 문서에서 누구나 다운로드해 볼 수 있다. https://docs.google.com/viewer?url=http%3A%2F%2Fstevens.usc.edu%2Fdocs%2FTEDx_USC_2009_Best_Practices_FINAL.pdf

68 《포브스(Forbes)》 2012년 6월 29일자 기사, "TED와 TEDx가 믿을 수 없을 정도로 매력적인 이유."http://www.forbes.com/sites/markfidelman/2012/06/19/heres-why-ted-and-tedx-are-so-incredibly-appealing-infographic/

69 http://tedxtalks.ted.com

70 http://www.youtube.com/user/TEDxTalks

71 《포브스》, 앞의 글.

72 《매일경제신문》 2011년 4월 11일자 기사, 「TEDActive, TED의 아이디어들이 실천으로 옮겨지는 힘」 http://news.mk.co.kr/v3/view.php?sc=&cm=TED&year=2011&no=231793&selFlag=&relatedcode=&sID=300

73 TED에서 2012년 시작한 교육 프로젝트. 다양한 주제를 애니메이터와 일러스트레이터들의 협력으로 시각화한 강의 자료를 만들어 교육 현장에서 사용할 수 있도록 한다. 뒤에서 다시 다룰 것이다.

74 《매일경제신문》, 앞의 글.

75 http://www.youtube.com/watch?v=QabHDoNDpVg

76 TED북스 앱은 http://www.ted.com/pages/tedbooks에서 다운로드할 수 있다.

77 http://www.amazon.com/kindlesingles

78 http://ed.ted.com/

79 http://www.ted.com/tedx/events

80 http://www.tedxmyeongdong.com

81 http://tedxseoul.com/wp/

82 http://tedxyouthseoul.com

83 TEDx서울 오거나이저 이아람 인터뷰(2010년).

84 이 장의 내용은 송인혁, 『화난 원숭이들은 모두 어디로 갔을까』(아이앤유, 2011)를 참고했다.

85 같은 책, 157쪽.

86 http://talentsearch.ted.com

87 2012년 10월 Gizmodo.com과의 인터뷰. http://gizmodo.com/5954586/ ask-chris-anderson-the-man-behind-all-those-ted-talks-anything- you-want

부록

TED에 관한 상식들

TED http://www.ted.com

기술, 엔터테인먼트, 디자인(Technology, Entertainment, Design)의 첫 글자
를 따서 1984년부터 시작된 콘퍼런스 이름. TED콘퍼런스의 강연을 포함한
다양한 콘텐츠를 제공하는 지식의 플랫폼을 이르는 말이기도 하다. 미션은
'가치 있는 아이디어의 확산(Ideas Worth Spreading)'이다. 모든 지식은 연
결돼 있다는 믿음 아래 기술과 엔터테인먼트, 디자인뿐 아니라 매우 다양한
분야를 다룬다. TED콘퍼런스는 매년 봄 미국 캘리포니아 롱비치에서 열리
며 참가비는 7500달러에 이르지만 일찌감치 매진된다.

TED토크 http://www.ted.com/talks

보통 18분 정도의 길이로 진행되는 TED의 강연들. 1400편 이상의 TED토
크가 TED웹사이트나 유튜브 등에 공개돼 있으며 매주 새로운 TED토크가

올라간다. 영어 번역이 기본으로 제공된다. '열린 번역 프로젝트'를 통해 자원봉사자들이 번역한 각국어 자막이 제공되는 경우도 많아 비영어권에도 TED토크가 널리 확산됐다. 2012년 11월 TED토크는 조회수 10억 건을 돌파했다.

TED프라이즈 http://www.tedprize.org

TED에서 매년 '세상을 바꾸는 소원'을 가진 뛰어난 인물에게 수여하는 상. 2005년부터 시상했으며 수상자는 TED콘퍼런스에서 강연과 함께 '세상을 바꾸는 소원'을 발표하고, TED 참가자들은 이 소원을 이루기 위해 함께 행동할 것을 요청받는다. 역대 수상자로는 U2의 보노, 요리사 제이미 올리버, 엘 시스테마로 유명한 사회운동가 호세 아브레우, 빌 클린턴 등이 있다. 2012년부터는 인물이 아니라 세상을 바꾸는 프로젝트를 대상으로 시상하고 있다.

TED액티브 http://www.ted.com/pages/tedactive

TED콘퍼런스가 열리는 기간에 팜스프링스에서 병행해서 열리는 콘퍼런스. TED콘퍼런스의 웹캐스트를 함께 시청하는 것 외에도 참가자들을 위한 각종 사교 모임과 워크숍 등 다양한 프로그램이 진행된다. TED콘퍼런스보다 참가자 연령이 낮고 분위기가 캐주얼하다. TEDx 오거나이저나 열린 번역 프로젝트 자원봉사자 등 TED커뮤니티에서 적극적인 역할을 하는 사람들이 참가해 콘퍼런스에서 논의된 내용을 어떻게 행동에 옮길 것인가를 논의한다. 참가비는 TED콘퍼런스의 절반인 3750달러지만 2013년엔 2500달러로 책정했다.

TED글로벌 http://www.ted.com/pages/tedglobal

TED콘퍼런스의 자매 콘퍼런스로, 매년 여름 영국 에든버러에서 열린다. TED콘퍼런스와 포맷은 동일하나 연사와 청중의 국적이 훨씬 다양하다. 참가비는 6000달러.

TED펠로 http://www.ted.com/fellows

각 분야에서 뛰어난 성취를 이룬 차세대 리더를 선정해 TED에 참여시키는 프로그램. TED펠로는 TED토크와는 별도로 TED펠로 토크를 하고, 펠로 가운데 일부는 TED의 메인 스테이지 연사로 서기도 한다.

TEDx http://www.ted.com/tedx

세계 각국의 도시, 학교, 기업 등 개별 커뮤니티에서 TED와 비슷한 포맷으로 여는 미니 TED. TEDx 오거나이저들이 TED로부터 라이선스를 취득해 독자적으로 개최한다. TED토크 비디오 시청과 그 지역 연사들의 강연으로 구성된다. 130여 개국에서 행해진 2만 5000여 건의 TEDx 강연들이 TEDx토크(http://tedxtalks.ted.com)로 인터넷에 공개돼 있다.

TED토크 즐기기

1400편이 넘는 TED토크 중에 무엇을 볼까? TED토크를 처음 접하는 분이라면 고민스러울 수도 있겠다. 하지만 걱정 마시라. 테드닷컴(TED. com)에 일단 들어가면 길이 보인다. 가장 최근에 올라온 토크, 가장 많이 본 토크, 이메일로 가장 많이 전송된 토크, 가장 댓글이 많은 토크, 이번 달에 가장 인기 있는 토크 등등 다양한 카테고리로 TED토크를 분류해 볼 수 있게 돼 있다. 기술, 엔터테인먼트, 디자인, 비즈니스, 과학, 글로벌 이슈 등 분야별로 TED토크를 분류해서 찾아볼 수도 있다. 마치 인터넷 서핑하듯 TED토크의 바다를 서핑하면서 다양한 이야기에 젖어 들 수 있다.

게다가 TED토크 중 상당수는 한국어 번역이 제공되고 대부분의 TED토크에 영어 대본은 기본적으로 딸려 있기 때문에 영어 공부에 최적의 교재이기도 하다. 대본 중 필요한 부분을 클릭하면 영상이 바로 그 지점부터 상영되는 것도 편리하다. 최근 TED는 한국어로 번역된 TED토크의 경우 한국 인터넷 사용자가 접속하면 처음부터 한국어로 TED토크 제목과 개요를 표시해 주는 서비스를 시작했다. 한글로 검색도 가능하다. TED토크들은 모바일 기기에 파일로 저장해 이동 중에도 쉽게 볼 수 있다. 나는 지하철에서 TED토크를 보는 데 홀딱 빠져 내릴 역을 지나친 적이 한두 번이 아니다.

테드닷컴은 수많은 토크들을 '턱이 빠질 정도로 놀라운(Jaw-Dropping)', '용기 있는(Courageous)', '천재적인(Ingenious)' 등의 등급으로도 분류하고 있는데, 이 분류를 이용해 개인별로 특화된 토크 모음을 생성할 수 있는 시스템을 도입했다. 'Find ( ) minutes ( ) talks'의 빈칸에 각각 30, Jaw-Dropping을 채워 넣고 'Surprise me!' 버튼을 누르면 '턱이 빠질 정도로 놀라운' TED토크들로 구성된 30분간의 토크 모음이 생성된다.

TED는 또 플레이리스트라는 메뉴(http://www.ted.com/playlists)를 최근 도입했다. TED가 엄선해 만든 플레이리스트들은 '기후 변화: 오, 이건 현실이라니까!' 혹은 '세계 권력 이동', '의사들이 걱정하는 것들'처럼 아주 구체적인 주제 아래 관련 TED토크들을 모아 놓았다. 또 명사들이 엄선한 플레이리스트도 있다. 아래는 그중 일부다.

빌 게이츠의 '내가 좋아하는 토크 13편'

http://www.ted.com/playlists/35/bill_gates_my_13_favorite_tal.html

배우 벤 애플렉이 고른 '나를 놀라게 한 토크 8편'

http://www.ted.com/playlists/32/ben_affleck_8_talks_that_amaz.html

U2의 보노가 고른 '내게 희망을 주는 토크 8편'

http://www.ted.com/playlists/53/bono_8_talks_that_give_me_hop.html

국내의 많은 미디어들도 볼 만한 TED토크를 선정해 소개해 왔는데,
한경 비즈니스가 선정한 '경영인이 꼭 봐야 할 TED토크 20선'은 다
음과 같다.

순위	강연자	주제
1	로리 서덜랜드 (광고계의 구루)	광고쟁이에게 배우는 인생 교훈(Life Lessons from an Ad Man)
2	말콤 글래드웰 (작가)	스파게티 소스 제조사 캠벨의 소비자 분석 (Spaghetti Sauce)
3	세스 고든(작가)	시장에서 실패한 아이디어들(Standing out)
4	댄 애리얼리 (행동경제학자)	우리는 스스로 결정을 콘트롤할 수 있는가(Are We in Control of Our Own Decisions?)
5	존 거지마 (트렌드 전문가)	오늘날 소비자의 전환(The Post-Crisis Consumer)
6	빌 게이츠(MS 창업자, 자선사업가)	탄소 배출 0을 위한 에너지 혁신(Innovating to Zero)
7	딘 카멘(발명가)	발명의 근원, 감성(The Emotion Behind Invention)
8	찰리 리드비터 (싱크탱크 연구원)	창의성, 혁신, 상호작용, 그리고 협력(Innovation)
9	요차이 벤클러 (법률 전문가)	위키피디아 · 리눅스 사례로 보는 오픈 소스 경제 (The New Open-source Economics)
10	레이 앤더슨 (카펫회사 CEO)	지속 가능한 비즈니스 논리(The Business Logic of Sustainability)
11	캐머런 해럴드 (벤처기업가)	아이를 기업가로 키우는 법(Let's Raise Kids to be Entrepreneurs)
12	존 도어 (벤처 투자가)	그린 테크놀로지의 혜택과 구제책(Salvation and Profit in Greentech)
13	잰 칩체이스 (노키아 연구원)	인간의 행동 패턴에 접목한 모바일 기술(Our Mobile Phones)
14	리처드 브랜슨 (버진그룹 회장)	버진그룹의 성공 스토리(Life at 30,000 feet)
15	세르게이 브린, 래리 페이지(구글 창업자)	구글의 성공 스토리(Google)

16	배리 슈워츠 (심리학자)	선택의 모순(The Paradox of Choice)
17	크리스 앤더스 (《와이어드》 편집장)	테크놀로지의 4단계 주기(The 4 Key Stages of Technology)
18	제프 베조스 (아마존 CEO)	미래 웹 혁신(The Next Web Innovation)
19	칩 콘리 (호텔 사업가)	삶을 가치있게 만드는 것들(Measuring What Makes Life Worthwhile)
20	팀 브라운 (IDEO CEO, 디자이너)	창의성과 놀이(Creativity and Play)

내가 뽑은 분야별 TED토크 BEST

다음은 내가 좋아하는 TED토크 리스트다. 그 많은 TED토크들 중에 일부만 봤지만, 좋아하는 토크들이 많아서 추리기가 쉽지 않았다. 분야별로 나누기는 했지만 사실 여러 분야에 걸친 토크들이 많다. 모든 지식은 연결돼 있다는 걸 실감하게 된다.

경제 · 경영

댄 애리얼리, '버그투성이 도덕규범(Our buggy moral code)', TED 2009

인간의 도덕규범에는 심각한 버그가 있어서 때로는 남을 속이거나 물건을 훔쳐도 괜찮다고 생각한다. 행동경제학자 댄 애리얼리가 기발한 실험으로 인간이 얼마나 비합리적인 존재인지를 보여 준다. 인간이 합리적 존재라는 전통 경제학의 기본 전제는 흔들리고 있다.

http://www.ted.com/talks/dan_ariely_on_our_buggy_moral_code.html

대니얼 핑크, '동기 부여의 수수께끼(Puzzle of motivation)',
TED글로벌 2009

좋아서 하는 놈은 당할 수 없다고 했던가. 『새로운 미래가 온다』의
저자로 잘 알려진 작가 대니얼 핑크가 동기 유발의 수수께끼에 대해
이야기한다.

http://www.ted.com/talks/dan_pink_on_motivation.html

배리 슈워츠, '선택의 역설(Paradox of choice)', TED글로벌 2005

온갖 종류의 청바지가 즐비한 옷가게에서 당황한 손님. "그냥 예전
에 한 종류밖에 없던 그걸로 주세요!" 선택의 폭이 넓어진 것이 사람
들에게 행복을 가져다줬을까? 심리학자 배리 슈워츠가 이야기하는
선택의 역설.

http://www.ted.com/talks/barry_schwartz_on_the_paradox_of_choice.html

톰 워젝, "탑 만들기, 팀 만들기(Build a tower, build a team)',
TED 2010

마시멜로 챌린지에 대해 들어 보셨는지? 스파게티 스무 가닥, 90센
티미터의 테이프, 마시멜로를 이용해 탑을 쌓는다. MBA를 갓 졸업
한 학생들이 가장 못하고, 유치원을 막 졸업한 어린이들이 가장 잘한
다는 경기다. 마시멜로 챌린지에서 배우는 비즈니스의 지혜.

http://www.ted.com/talks/tom_wujec_build_a_tower.html

기술

**데니스 홍, '내 일곱 종류의 로봇들(My seven species of robots)',
TEDxNASA 2009**

한국계 로봇공학자인 데니스 홍이 버지니아공대 연구팀에서 개발한
일곱 종류의 로봇을 소개한다. 로봇이 귀엽고 사랑스럽다. 연구자의
열정과 에너지가 느껴지는 토크. 2050년에는 로봇 축구팀이 월드컵
우승팀과 경기해 이기는 게 목표라고 한다.

http://www.ted.com/talks/dennis_hong_my_seven_species_of_robot.html

**앤드루 블럼, '인터넷이 진짜 뭐지?(What is the internet really?)',
TED글로벌 2012**

다람쥐가 인터넷을 물어뜯었다? 다람쥐의 습격으로 인터넷을 사용
할 수 없게 되자 저널리스트 앤드루 블럼은 인터넷의 실체가 궁금해
진다. 인터넷의 물리적 실체를 보여 주는 흥미로운 이야기.

http://www.ted.com/talks/andrew_blum_what_is_the_internet_really.html

**애덤 새도스키, '입소문 나는 뮤직비디오 만들기(Engineers viral
music video)', TEDxUSC 2010**

기발하고 유쾌한 발상으로 큰 화제가 된 오케이 고 밴드의 "This
too shall pass" 뮤직비디오 제작기. 예술과 기술은 이런 식으로도
만날 수 있다. 말로는 설명이 안 된다. 직접 보시라. 기분이 좋아지는
토크.

http://www.ted.com/talks/adam_sadowsky_engineers_a_viral_music_video.html

로저 이버트, '목소리 다시 만들기(Remaking my voice)', TED 2011

암으로 아래턱을 잃어 음식을 먹을 수도 없고 말할 수도 없게 된 영화 평론가 로저 이버트. 그는 컴퓨터 음성 기술 덕분에 목소리를 다시 갖게 되었다. 그와 아내, 친구들이 같이 이야기한다. 눈물과 웃음이 교차하는 감동적인 이야기.

http://www.ted.com/talks/roger_ebert_remaking_my_voice.html

과학

질 볼트 테일러, '깨달음을 준 뇌졸중(Stroke of insight)', TED 2008

정신분열증에 걸린 오빠 때문에 뇌 과학자가 된 질 볼트 테일러 박사. 어느 날 뇌졸중에 걸려 자신의 뇌 기능이 차례차례 정지해 가는 걸 '관찰'하게 된다. 얼마나 많은 뇌 과학자들이 이런 경험을 할 수 있었을까. 죽음의 문턱까지 갔다가 돌아온 그녀의 놀라운 이야기.

http://www.ted.com/talks/jill_bolte_taylor_s_powerful_stroke_of_insight.
html

스티븐 호킹, '우주에 대한 커다란 질문들(Big questions about universe)', TED 2008

스티븐 호킹 박사가 우주에 대해 커다란 질문을 던진다. 우주의 기원은? 생명체의 기원은? 지구 밖에 다른 생명체가 있을까? 인류의 미래는? 호킹 박사는 자신의 신체적 장애는 우주를 탐구하는 데 장애

가 되지 않았으며 오히려 더 많은 시간을 연구에 쓸 수 있게 해 줬다
고 말한다.

http://www.ted.com/talks/stephen_hawking_asks_big_questions_about_
the_universe.html

대니얼 길버트, '우리는 왜 행복한가?"(Why are we happy?)', TED 2004

복권 당첨자와 하반신이 마비된 사람. 1년 후 이들 중에 누가 더 행
복할까? 우리에겐 행복을 '만들어 내는' 능력이 있다. 심리적 면역
체계 덕분이다. 놀라운 행복의 과학을 만나 보자.

http://www.ted.com/talks/dan_gilbert_asks_why_are_we_happy.html

데브 로이, '단어의 탄생(Birth of a word)', TED 2011

MIT 연구원인 데브 로이는 갓난아기가 말을 배우는 과정을 연구하
기 위해 자신의 집에 홈 비디오를 달았다. 갓 태어난 아들과 가족의
생활을 빠뜨리지 않고 녹화한 9만 시간의 비디오를 분석해 밝혀낸
'단어의 탄생'. 평범한 일상이 경이가 된다.

http://www.ted.com/talks/deb_roy_the_birth_of_a_word.html

인문 · 사회

켄 로빈슨, '학교가 창의성을 죽인다(Schools kill creativity)', TED 2006

대학 입시를 위한 절차가 되어 버린 학교 교육의 문제는 어디서나 마찬가지인 듯하다. 교육자 켄 로빈슨이 학교가 창의력을 말살하고 있다고 이야기한다. 끊임없이 폭소가 터져 나오게 하는 이야기 솜씨! 이 강연이 최고 인기 TED토크인 데에는 이유가 있다.

http://www.ted.com/talks/lang/ko/ken_robinson_says_schools_kill_
creativity.html

수전 케인, '내성적인 사람들의 힘(Power of introverts)', TED 2012
활달하고 외향적인 성격이 환영받는 시대. 하지만 작가 수전 케인은 내성적이고 조용한 성격은 부끄러워할 것이 아니라 많은 장점을 갖고 있다고 말한다. 누구에게나 고독의 순간이 필요하다!

http://www.ted.com/talks/susan_cain_the_power_of_introverts.html

제인 맥고니걸, '수명을 10년 늘려 주는 게임(Game that can give you 10 extra years of life)', TED글로벌 2012
게임이 수명을 연장시킬 수 있다고? 게임 디자이너 제인 맥고니걸이 이 의문을 시원하게 풀어 준다. 게임에서 시작해. 우리가 어떻게 살아야 하는지 새삼 깨닫게 해 주는 이야기. 열광적인 기립 박수에는 다 이유가 있다.

http://www.ted.com/talks/jane_mcgonigal_the_game_that_can_give_
you_10_extra_years_of_life.html

엘리자베스 길버트, '당신 안에 있는, 알 수 없는 천재성(Your elusive creative genius)', TED 2009

시가 지평선으로부터 시인을 향해 달려온다! 작가에게 창작의 영감
이 찾아오는 번개 같은 순간. 『먹고 기도하고 사랑하라』의 작가 엘리
자베스 길버트가 창작의 고통과 즐거움을 이야기한다. 유쾌하면서도
감동적이다.

http://www.ted.com/talks/elizabeth_gilbert_on_genius.html

예술

이블린 글레니, '진정으로 듣는 법(How to truly listen)', TED 2003
듣는다는 것은 귀로만 하는 것이 아니다. 팔, 광대뼈, 머리, 배, 가슴,
다리……. 우리는 온몸으로 음악을 들을 수 있다. 상상할 수 있다. 청
각 장애를 극복한 타악기 연주자 이블린 글레니의 나직한 이야기와
놀라운 연주.

http://www.ted.com/talks/evelyn_glennie_shows_how_to_listen.html

수 오스틴, '휠체어 타고 심해 다이빙(Deep sea diving... in a
wheelchair)', TEDxWomen 2012
자신이 타고 다니는 휠체어를 표현의 수단으로 사용하는 아티스트
수 오스틴. 휠체어를 바라보는 사람들의 시각을 바꾸고 싶었던 그녀
는 심해 다이빙을 시작한다. 휠체어를 탄 채로. 편견을 깨 버리는 영
감의 순간. 아름답다.

http://www.ted.com/talks/sue_austin_deep_sea_diving_in_a_wheelchair.html

에릭 휘태커, '2000명의 목소리가 모여 가상 합창단이 되다(A virtual choir 2000 voices strong)', TED 2011

이 남자 멋지다. 작곡가 에릭 휘태커의 가상 합창단 프로젝트. 전 세계에 흩어진 2000명이 한자리에 모이지 않고도 인터넷 기술을 이용해 합창단을 구성했다. 2000명의 가상 합창단원들이 만들어 낸 천상의 화음. 압도적이다.

http://www.ted.com/talks/eric_whitacre_a_virtual_choir_2_000_voices_strong.html

벤저민 잰더, '삶을 바꾸는 클래식 음악(Transformative power of classical music)', TED 2008

클래식 음악이 어렵다고? 지휘자 벤저민 잰더가 무대와 객석을 오가며 펼쳐 내는 열정적인 이야기와 '짝궁둥이 연주'를 듣다 보면 어느새 귀를 쫑긋하고 눈을 빛내는 자신을 발견하게 될 것이다.

http://www.ted.com/talks/benjamin_zander_on_music_and_passion.html

TED토크 번역자 되기

이렇게 TED토크를 즐기다 보면 적극적인 행동에 나서고 싶어질 수도 있다. 즉 열린 번역 프로젝트에 참여해 TED토크를 한국어로 번역하는 것이다. TED토크를 번역하기 위해서는 물론 영어 실력이 필요하지만 반드시 전문 번역가가 아니라도 상관없다. '나는 리스닝이 잘 안 되는데 어떻게 번역을 하지?' 하고 걱정할 필요도 없다. 영어 대본이 있기 때문이다. 열린 번역 프로젝트에 참여하고 싶으면 먼저 테드닷컴 회원으로 가입한 후 번역

자 등록 신청을 해야 한다.(http://www.ted.com/translate/forted)

TED토크의 번역 작업은 한 편당 2인 1조로, 먼저 한 사람이 번역하면 나머지 한 사람이 이를 리뷰하는 방식으로 이뤄진다. 번역이 끝난 후에도 번역 오류나 어색한 점이 있다면 언제든 의견을 받아 수정한다. 이렇게 TED의 열린 번역 프로젝트는 집단 지성의 힘으로 이뤄진다. 번역에 참여한 사람의 이름은 해당 TED토크에 함께 표시된다. 번역자들끼리의 커뮤니티 활동도 활발하게 이뤄지고 있다.

TED, 어떻게 참가하나

TED콘퍼런스는 매년 다음 콘퍼런스가 열리기 1년 전에 이미 등록이 마감되는 것으로 유명하다. 참가비가 7500달러에 이르며 후원 회원의 경우 1만 2500달러 이상을 내야 한다. TED콘퍼런스 참가자들의 회원 자격은 1년간 지속된다. 각종 기념품과 TED북클럽에서 보내 주는 책도 받으며 TED의 다른 참가자들과 온라인 네트워킹을 맺을 수 있다.

참가비도 비쌀뿐더러 지원자는 왜 TED콘퍼런스에 참가하고 싶은지, TED커뮤니티에 어떤 식으로 기여할 수 있는지 등을 자세하게 지원서에 적어 내야 한다. 1년 전에 미리 출장 계획을 세우고 지원해야 할 뿐 아니라 한국인의 경우 참가비 외의 경비도 만만치 않아 TED콘퍼런스에 참가하기가 현실적으로 쉽지 않다. 그래서 미국에서도 TED 참가자 중에는 기업의 고위 경영진이 많다.

TED는 이른바 의전이 없고 캐주얼한 분위기 속에 어울려야 하기 때문에 이런 문화에 익숙하지 않고서는 제대로 콘퍼런스를 즐길 수 없다. TED콘퍼런스의 한국인 참가자는 지금까지 극히 드물었지만, 2013년에는 TED연사 오디션을 통과한 한국인 연사 네 명과 관련 인사들도 초청받은 덕분에 한국인 참가자가 예년보다는 늘었다.

영국 에든버러에서 매년 여름 열리는 TED글로벌은 참가 등록이 늦게 마감되며 참가비도 6000달러(후원 회원은 1만 2000달러)로 TED콘퍼런스보다는 저렴하다. 미국인 중심의 TED콘퍼런스보다 참가자와 연사의 국적도 훨씬 다양하다. 역시 한국인 참가자가 극히 적었지만 최근 늘고 있는 추세다.

특정 분야에 전문성을 갖고 있거나 사회운동가 등으로 활동하며 성취한 업적이 있다면 TED펠로 프로그램에 지원하는 것도 한 방법이다. TED콘퍼런스와 TED글로벌이 각각 매년 20명 정도의 펠로를 선발한다. 펠로로 1년간 활동한 후 다시 시니어펠로로 선발되면 향후 2년간 TED콘퍼런스와 TED글로벌에 모두 초청받을 수 있다.

TED펠로 프로그램의 주 대상은 아프리카, 아시아 태평양, 카리브 해연안, 라틴아메리카, 중동, 이 다섯 지역 출신의 21~40세 차세대 리더들이다. 하지만 지역이나 나이가 절대적인 기준은 아니며, 18세 이상이면 어디서나 지원 가능하다. fellows@ted.com으로 이름, 소속 기관, 이메일 주소, 국가를 표기한 이메일을 보내 펠로 프로그램 지원이 언제부터 시작되는지 알려 달라고 요청하면 안내 메일을 받을 수 있다. 2014년 TED콘퍼런스의 펠로 지원 기간은 2013년 5월 28일부터 6월 21일까지다. 자세한 것은 웹사이트를 참조하면 된다.(http://www.ted.com/pages/fellows-applying)

TED액티브에는 한국인 참가자가 상대적으로 많은 편이다. 매년 상황이 달라지긴 하지만 개막을 얼마 안 남긴 시점까지 TED액티브 참가 등록이 가능한 경우도 있으니 TED콘퍼런스보다는 훨씬 참가가 쉽다. 참가비는 2500달러(후원 회원은 5000달러). TED콘퍼런스보다는 젊고 캐주얼한 분위기이며 기업의 실무자들, 중간 관리직이 많이 참가한다. 각국의 주요 TEDx 오거나이저들, 자원봉사 번역자들에 대해서는 참가비를 면제하거나 할인해 주기도 한다.

TED로 가는 가장 쉬운 방법은 TED라이브 회원이 되는 것이다. TED라이브 회원이 되면 그해의 TED콘퍼런스와 TED글로벌을 모두 웹캐스트로 볼 수 있다. 정원 제한이 없어 콘퍼런스 직전까지 등록이 가능하다. 개인이나 학교 회원의 회비는 995달러. 기업의 경우는 이보다 비싸다. 인터넷 연결만 되면 전 세계 어디서나 콘퍼런스를 생중계로 볼 수 있고, 콘퍼런스가 끝난 후에는 아카이브에 저장된 실황을 언제든 불러내 다시 볼 수 있다. TED라이브 회원들은 TED 함께 보기 파티를 열기도 한다. 2013년의 경우 아이패드 미니와 정기적으로 발송되는 TED북스의 전자도서, 그리고 TED라이브 회원들을 위한 온라인 커뮤니티 가입 등이 혜택에 포함됐다. 참가 등록은 http://www.ted.com/registration/tedlive에서 하면 된다.

어떤 방식으로 TED에 참가하든, 기본 전제는 영어 구사 능력이 일정 수준 이상 되어야 한다는 것이다. 영어로 진행되는 콘퍼런스 진행을 따라가고 다른 참가자들과 소통하기 위해서. 원어민 같은 유창한 영어는 아니더라도 영어 의사소통에 큰 불편은 없어야 한다. 여기에 마음을 열고 다른 참가자들과 적극적으로 교류하겠다는 마음가짐까지 더해지면 TED콘퍼런스 참가는 평생 잊지 못할 경험이 될 것이다. (TED라이브의 경우 다른 참가자들과 직접 대면할 기회는 없지만 온라인 커뮤니티를 통한 대화가 가능하다.)

각 지역에서 열리는 TEDx 이벤트에 참가하면 언어 장벽 없이 TED와 비슷한 경험을 할 수 있다. 참가비도 저렴해 누구나 마음만 먹으면 쉽게 참가할 수 있다. 국내의 주요 TEDx 이벤트들은 대부분 고유 웹사이트를 개설해 이벤트가 열릴 때마다 온라인 참가 신청을 받으며, 과거 이벤트에서 진행됐던 강연 동영상을 올려놓고 있다.

TEDx명동, TEDx서울, TEDx이태원, TEDx대구 등 지역 이벤트와 TEDx카이스트, TEDxSNU 같은 학교 이벤트, TEDx삼성, TEDxNHN 등 기업 이벤트 외에도 청소년 대상의 TEDx유스서울 등 다양한 TEDx 이벤트가 열리고 있다. 다만 기업의 TEDx는 그 기업의 임직원만을 대상으로 한 비공개 이벤트로 진행된다.

TEDx웹사이트의 '이벤트 찾기'를 통해 한국에서 열릴 예정인 TEDx 이벤트들을 검색해 볼 수 있다.(http://www.ted.com/tedx/events?autocomplete_filter=South+Korea&when=upcoming) 단 TEDx는 TED가 아니며, TED로부터 브랜드만 취득해 독립적으로 열리는 행사이므로 행사의 수준은 천차만별이라는 점은 감안해야 한다.

TEDx 오거나이저가 되기 위한 특별한 자격은 따로 없다. 원칙적으로 전 세계에서 누구나 주최할 수 있다. 그러나 오거나이저가 18세 이하인 경우에는 성인의 감독을 받아야 한다. 논쟁적이거나 극단적인 단체와 연결돼 있거나 종교적 신념이나 정치적 주장, 상품 홍보가 목적이라면 안 된다. TED나 TEDx 브랜드는 상업적 목적에 쓰이거나 다른 콘퍼런스와 연계될 수 없다.

TEDx 오거나이저가 되기 위해서는 TEDx 이벤트가 지켜야 할 규칙을 숙지하고 학교 행사인지 기업 내 행사인지 혹은 지역 기반 행사인지 등에 따라서 이벤트 종류와 알맞은 이름을 정한 뒤 온라인 신청서를 작성해 제출하면 된다.(http://www.ted.com/pages/organize_tedx_event) TEDx 페이지에 이벤트 개최와 관련한 자세한 규칙이 명시돼 있다. 또 행사를 디자인하고 알리고 후원자를 구하고 관리하는 일, 그리고 사후 피드백까지, 행사 개최 전 과정에서 참고할 만한 매뉴얼을 제공해 TEDx 개최의 가이드라인을 제시하고 있다.

주요 웹사이트

책에 언급된 웹사이트 목록

TED http://www.ted.com

TED토크 http://www.ted.com/talks

TED프라이즈 http://www.tedprize.org

TED액티브 http://www.ted.com/pages/tedactive

TED글로벌 http://www.ted.com/pages/tedglobal

TED펠로 http://www.ted.com/fellows

TEDx http://www.ted.com/tedx

TED에드 http://ed.ted.com

TED북스 http://www.ted.com/pages/tedbooks

TEDx명동 http://www.tedxmyeongdong.com

TEDx서울 http://www.tedxseoul.com

TEDx유스서울 http://tedxyouthseoul.com

TED 피플 관련 웹사이트

크리스 앤더슨 http://tedchris.posterous.com 트위터 @TEDChris

에릭 휘태커 http://ericwhitacre.com 트위터 @EricWhitacre

제이미 올리버의 음식 혁명 http://www.jamieoliver.com/us/
foundation/jamies-food-revolution/home 트위터 @jamieoliver

송인혁 http://everythingisbetweenus.com/wp/?p=485
페이스북 http://www.facebook.com/btweenus 트위터 @ih5

류한석 http://www.hahnr.com/bio
페이스북 http://www.facebook.com/hahn.ryu 트위터 @hahnryu

민세희 http://www.randomwalks.org
페이스북 http://www.facebook.com/sey.min.9 트위터 @ttoky

천재들의 유엔, TED

1판 1쇄 펴냄 2013년 2월 18일
1판 3쇄 펴냄 2013년 4월 4일

지은이   김수현
발행인   박근섭·박상준
편집인   장은수
펴낸곳   (주)민음사

출판등록   1966. 5. 19. 제16-490호
주소   (135-887) 서울시 강남구 신사동 506번지
            강남출판문화센터 5층
대표전화   515-2000 | 팩시밀리   515-2007
홈페이지   www.minumsa.com

ISBN 978-89-374-8661-6 (03320)

※이 책은 관훈클럽신영연구기금의 도움을 받아 저술 출판되었습니다.